Fix Food

Preiswerte und schnelle Küche

1. Auflage, Januar 2012, 8.000 Exemplare
© Verbraucherzentrale NRW, Düsseldorf

ISBN 978-3-940580-84-9
Printed in Germany

Inhalt

Vorwort

Gesund, abwechslungsreich und schmackhaft essen – das wollen eigentlich alle. Doch Zeit zum Kochen scheint immer weniger vorhanden zu sein. Stattdessen sind Fast-Food-Ketten gleich mehrfach in jeder größeren Stadt vertreten, das Angebot an Essen zum Mitnehmen wird immer größer: Zu den schon zu Klassikern avancierten Gerichten wie Currywurst, Pizza oder Döner sind trendige Wraps und Sandwiches, Gerichte vom Asia-Imbiss oder Kaffee aus dem Pappbecher plus Muffin gekommen. Und im Supermarkt reiht sich Regal an Regal mit ganz oder teilweise vorgefertigten Produkten, die nur noch aufgewärmt oder durch Zufügen weniger weiterer Zutaten „nach Packungsanweisung" rasch zubereitet werden können.

Der großen Vielfalt der Snacks und Fertiggerichte zum Trotz: Es wird sich kaum jemand ausschließlich und mit Begeisterung von ihnen ernähren. Doch andererseits können und möchten sich heute immer weniger Menschen Zeit für das stundenlange Vorbereiten des Essens nehmen – zumindest im Alltag. Vor allem unter der Woche muss es bei den meisten – seien es Familien mit Kindern oder stark beanspruchte Berufstätige – eher schnell gehen.

Was also tun, wenn Sie trotz notorischen Zeitmangels lecker, gesund und abwechslungsreich essen und öfter selbst kochen möchten? Dieses Buch möchte Sie bei dem Vorhaben unterstützen, auf „Fix Food" statt auf Fast-Food zu setzen. Für die Gestaltung Ihres Speiseplans bietet es Ihnen rund 120 Rezepte, die jeweils höchstens 30 Minuten Arbeitszeit erfordern. Daneben gibt es Ihnen das nötige Rüstzeug an die Hand, auch das „Drumherum" möglichst zeitsparend zu organisieren, nämlich Essensplanung, Einkauf und Vorratshaltung. Mithilfe unserer Tipps und Checklisten können Sie sicherlich einige Routinearbeiten noch besser organisieren – und gewinnen dadurch Zeit, um mit Spaß zu kochen und zu genießen!

Die Rezepte kommen mit wenigen Zutaten aus, die in jedem Supermarkt erhältlich sind. Sie sind einfach zuzubereiten, das heißt, es werden nur Grundkenntnisse im Kochen vorausgesetzt – komplizierte Kochtechniken und zahlreiche oder ausgefallene Küchengeräte sind nicht nötig. Die Gerichte genügen den Ansprüchen an eine zeitgemäße, gesunde Ernährung: Sie sind vitaminreich sowie fett- und zuckerarm; vegetarische Hauptzutaten werden neben Fleisch und Fisch gleichberechtigt berücksichtigt. Zum Großteil werden frische Zutaten verwendet. Convenience-Produkte kommen maßvoll zum Einsatz. Das Motto dabei lautet: Sie sind dort sinnvoll, wo sie eine echte Zeitersparnis bringen und man keine oder nicht zu große Abstriche in puncto Geschmack und Gesundheit machen muss. Die meisten unserer Rezepte kommen ganz „ohne" aus.

Viel Spaß beim Ausprobieren!

Ihr schneller Einstieg in Fix Food

Das Kernstück des Buches ist sein großer Rezeptteil mit rund 120 Gerichten. Dort finden Sie nicht nur warme Hauptgerichte, sondern auch viele Rezeptvorschläge für andere Anlässe: neue Ideen fürs Frühstück und für Zwischenmahlzeiten, pfiffige Brote und Snacks zum Mitnehmen fürs zweite Frühstück und fürs Mittagessen, kalte Hauptgerichte sowie schnelle Partygerichte und Desserts. Die Gerichte zum Mitnehmen sind dabei für eine Person berechnet, die Hauptgerichte, Zwischenmahlzeiten und Desserts für zwei Personen und die Partygerichte für acht Personen. Alle Mengenangaben lassen sich problemlos halbieren oder verdoppeln, sodass auch Single- und Vier-Personen-Haushalte fix mit den Rezepten kochen können.

Alle Rezepte lassen sich innerhalb von 30 Minuten zubereiten, ab und zu kommen noch Zeiten wie Kühl-, Ruhe- oder Backzeiten hinzu – während dieser müssen Sie aber nicht am Herd stehen, sondern können sich anderen Dingen widmen.

 Gerichte, die mit dem Symbol gekennzeichnet sind, eignen sich zum Einfrieren: Wenn Sie davon gleich die zwei- oder dreifache Menge zubereiten, können Sie sich einen Vorrat an selbst gemachten „Fertiggerichten" schaffen.

In unserem nach Hauptzutaten sortierten Rezeptregister (⋯⟩ Seite 200f.) finden Sie schnell ein passendes Rezept für Lebensmittel, die Sie bereits im Haus haben oder mit denen Sie gern einmal kochen möchten.

Der umfangreiche Ratgeberteil soll Sie dabei unterstützen, schon bei der Haushaltsorganisation Zeit zu sparen. Die Tabelle „Schnelle Orientierung im Ratgeberteil" zeigt Ihnen, in welchen Kapiteln Sie sich rasch und gezielt zu einzelnen Themen informieren können.

Zeit sparen können Sie nicht nur durch fixe Gerichte, auch Essensplanung, Vorratshaltung und Einkaufen lassen sich effektiver organisieren. In den Kapiteln **„Essens- und Einkaufsplanung"** und **„Prinzip Eichhörnchen – kluge Vorratshaltung"** liefern wir Ihnen viele praktische Tipps und Checklisten, die Ihnen helfen sollen, alle Arbeiten rund um die Essenszubereitung möglichst gut geplant und damit zeitsparend zu erledigen.

Anschließend geben wir Ihnen im Kapitel **„Küchenausstattung für die schnelle Küche"** einen Überblick über die Basisausstattung fürs Kochen und stellen Ihnen Küchengeräte vor, die das Kochen erleichtern sollen.

Wer die Wahl hat, hat die Qual – die Lebensmittelindustrie bietet eine riesige Vielfalt von Produkten an, mit denen Ihnen das Kochen leichter – und das heißt heute fast automatisch: auch schneller – von der Hand gehen soll. Im Kapitel **„Lebensmittelauswahl – fix**

und fertig aus dem Supermarkt" wollen wir für Sie das Riesenange-
bot etwas lichten und Ihnen Kriterien vermitteln, anhand derer Sie
Ihre Entscheidung im Supermarkt fix und zielsicher treffen können.

Im letzten Kapitel des Ratgeberteils **„Fixfaktor Kochen"** geht es
dann um Tipps für das Kochen selbst. Hier verraten wir Tricks, wie
durch eine gute Arbeitsorganisation das Kochen und Zubereiten
schneller geht und, wenn wirklich mal gar nicht gekocht werden
soll, wie Sie mit wenig Aufwand Fertiggerichte verfeinern. Tipps für
Familien, Berufstätige und Singles sowie für die Vorbereitung von
Festen runden den Ratgeberteil ab.

Schnelle Orientierung im Ratgeberteil

Infos zum Thema …	finden Sie …
Welche Vorteile habe ich von einer Planung der Mahlzeiten? Nach welchen Kriterien stelle ich einen Speiseplan auf?	Fixfaktor: Gut vorgeplant – Zeit gespart ⇢ Seite 13
Auf einen Blick: Der schnelle Weg zur Essens- und Einkaufsplanung	⇢ Seite 13
Beispiel für einen Speiseplan	⇢ Seite 16
Wie plane ich meine Einkäufe am effektivsten, wie kaufe ich zeitsparend ein?	Fixfaktor: Einkaufen mit wenig Aufwand ⇢ Seite 17
Auf einen Blick: Der schnelle Einkauf	⇢ Seite 17
Beispiel für eine exemplarische, im PC angelegte Einkaufsliste für den Supermarkt	⇢ Seite 20
Wie organisiere ich die Vorratshaltung zeitsparend?	Fixfaktor: Prinzip Eichhörnchen – kluge Vorratshaltung ⇢ Seite 21
Auf einen Blick: Der schnelle Weg zum wohlsortierten Vorrat	⇢ Seite 22
Vorratsliste für die schnelle Küche	⇢ Seite 23
Was gehört wohin – wie bewahre ich Lebensmittel optimal in Vorratsschrank, Kühlschrank und Tiefkühlgerät auf?	Fixfaktor: Gut sortiert ⇢ Seite 26
Was ist zum Einfrieren geeignet? Wie lange kann ich bestimmte Lebensmittel einfrieren?	Tiefkühlprodukte selbst gemacht ⇢ Seite 29
Was brauche ich an Küchengeräten … … als Grundausstattung?	Fixfaktor: Die Grundausstattung – Qualität zahlt sich aus! ⇢ Seite 33

Schnelle Orientierung im Ratgeberteil

Infos zum Thema ...	finden Sie ...
... speziell für die schnelle Küche?	Spezialgeräte – für wen lohnt sich die Anschaffung --> Seite 36
Welche Lebensmittel bieten sich als Fix Food an?	Lebensmittelauswahl – fix und fertig aus dem Supermarkt --> Seite 40
Auf einen Blick: Fix-Check Convenience-Produkte	--> Seite 42
Von Natur aus schnell zubereitet	Ganz natürlich: schnelle Lebensmittel --> Seite 43
Welche Arten von Convenience-Produkten gibt es?	Convenience-Produkte – Service mitgekauft --> Seite 45
Wie kann ich die Qualität von Convenience-Produkten rasch beurteilen?	Kriterien zur Bewertung von Convenience-Produkten --> Seite 47
... anhand der Angaben auf der Verpackung?	Das Zutatenverzeichnis --> Seite 48 Nährwertangaben --> Seite 50 Gütesiegel und Label --> Seite 51
... im Hinblick auf die enthaltenen Nährstoffe und Vitamine?	Was ist drin: Die Inhaltsstoffe der Produkte --> Seite 55
... bezüglich der enthaltenen Zusatzstoffe?	Zusatzstoffe --> Seite 57
Wie sind Biofertigprodukte zu beurteilen?	Bioprodukte – die besseren Fertigprodukte? --> Seite 58
Sind Convenience-Produkte preiswert?	--> Seite 59
Sparen Convenience-Produkte Zeit?	--> Seite 59
Was kann ich tun, damit mir das Kochen schneller von der Hand geht?	Fixfaktor Kochen --> Seite 61
Wie kann ich Fertiggerichte geschmacklich und gesundheitlich aufpeppen?	Clever essen mit Fertiggerichten --> Seite 64
Wo finde ich weitere Tipps für meinen Alltag? Spezielles für ... ... Familien mit Kindern?	Tipps für verschiedene Lebenslagen --> Seite 66
... Berufstätige und Studierende?	--> Seite 68
... Singles?	--> Seite 69
Wie bereite ich Einladungen und Partys zeitsparend vor?	Schnelles Kochen für besondere Anlässe --> Seite 70

1

Essens- und Einkaufsplanung

So gewinnen Sie Zeit – schon vor dem Kochen

An die Töpfe, fertig, los – und in 30 Minuten steht das Essen auf dem Tisch! Mit unseren Rezepten ist das natürlich kein Problem. Doch viel Zeit lässt sich bereits sparen, bevor Sie den Kochlöffel in die Hand nehmen. Denn genau betrachtet ist das Kochen erst Schritt drei: Ihm gehen erstens die Essensplanung und zweitens das Einkaufen und die Pflege des Vorrats voraus.

Klar, Sie können auch mal spontan und kreativ aus den gerade vorhandenen Lebensmitteln etwas Schnelles und Leckeres zaubern. Je geübter Sie im Kochen sind, desto mehr Spaß werden Sie daran haben. Trotzdem kommen sowohl Singlehaushalte wie auch Großfamilien nicht darum herum, sich regelmäßig zu fragen: Was habe ich noch an Vorräten? Was kaufe ich wann und wo ein? Was koche ich morgen?

Um diese Routinearbeiten möglichst zeitsparend zu erledigen, bieten sich Essenspläne und Checklisten an. Das klingt für Sie zu bürokratisch? Probieren Sie es einfach mal aus – es kann wirklich entlastend sein. Sie müssen sich nur einmal die Arbeit machen, für Ihren Alltag passende Checklisten zu erstellen bzw. die Vorschläge aus diesem Buch an Ihre Bedürfnisse anzupassen. Dadurch werden Sie ab sofort unvermeidliche Aufgaben in kürzerer Zeit erledigen. Und das Beste: Sie gewinnen das Gefühl, Ihren Alltag im Griff zu haben, weil Sie den täglichen Kleinkram routinemäßig erledigen und mehr Energie für die wichtigen Dinge haben.

In den nächsten beiden Kapiteln geben wir Ihnen viele Tipps und Anregungen zur Essensplanung, zum Einkaufen und zur Vorratshaltung. Einen fixen Überblick über die wichtigsten Tipps finden Sie jeweils am Kapitelanfang.

Fixfaktor: Gut vorgeplant – Zeit gespart

Auf einen Blick: Der schnelle Weg zur Essens- und Einkaufsplanung

- Werfen Sie vor dem Aufstellen des Essensplans zunächst einen Blick in Kühlschrank, Tiefkühlgerät, Vorratsschrank und Keller: Welche Lebensmittel müssen bald verbraucht werden? Welche sonstigen Vorräte möchten Sie nächste Woche verarbeiten?
- Vereinfachen Sie die Rezeptauswahl: Legen Sie einen Rezeptordner an, ordnen Sie bestimmte Lebensmittel bestimmten Wochentagen zu (Beispiel --> Seite 16).
- Abwechslung in den Speiseplan bekommen Sie „naturgegeben", wenn Sie Lebensmittel à la Saison aufgreifen und sie unterschiedlich zubereiten.
- Notieren Sie gleich beim Schreiben des Speiseplans, welche Lebensmittel Sie einkaufen müssen.
- Bleiben Sie realistisch: Wenn Sie gerade viel zu tun haben oder für das Wochenende Unternehmungen geplant sind, ist es stressfreier, auf selbst Eingefrorenes oder Fertiggerichte zurückzugreifen oder mal ein Picknick zu machen, statt aufwendig alles frisch zu kochen.

Planen Sie die Mahlzeiten zu Hause für jede Woche im Voraus. Beim Aufstellen Ihres Speiseplans schreiben Sie gleichzeitig den Einkaufszettel. Vorher sollten Sie sich einen Überblick über Ihre Vorräte verschafft haben: Welche rasch verderblichen Lebensmittel müssen bald aufgebraucht werden, welche noch haltbaren Produkte möchten Sie zusätzlich einbeziehen?

Natürlich wird die Woche oft anders verlaufen als geplant, daher ist es je nach Erfahrung sinnvoll, für ein bis zwei Tage nichts einzuplanen. Diese Tage können auch der Resteverwertung oder dem spontanen Kochen dienen.

Der Speiseplan

Auf welche Weise stellen Sie nun einen abwechslungsreichen Speiseplan auf? Das übergroße Angebot an Rezepten in den unterschiedlichsten Medien macht es nicht unbedingt einfacher. Falls Ihnen die Auswahl manchmal schwerfällt, können folgende Tipps hilfreich sein:

- Sammeln Sie Ihre Lieblingsrezepte in einem nach Rubriken gegliederten Rezeptordner, der griffbereit in der Küche steht. Auf der Suche nach einem Rezept schauen Sie zuerst dort nach. Es spricht absolut nichts dagegen, bestimmte Gerichte regelmäßig zuzubereiten – außer es schmeckt Ihnen nicht mehr. Das hat den Vorteil, dass Sie diese schnell, weil routiniert, und stressfrei kochen können. Außerdem können Sie durch kreatives Variieren für Abwechslung sorgen.
- Früher gab's – in unterschiedlicher regionaler Ausprägung – sonntags ein Fleischgericht, montags gemischte Reste vom Wochenende mit Ei drüber, dienstags ein Kartoffelgericht usw. Natürlich können und wollen wir nicht mehr zurück zu Omas Speiseplan – doch was spricht eigentlich dagegen, unsere Speiseplanung etwas mehr zu standardisieren? Verteilen Sie bestimmte Hauptzutaten auf feste Wochentage, schon haben Sie ein Grundgerüst für Ihren Speiseplan. Für Abwechslung sorgen Sie dann durch unterschiedliche Gerichte.
- Orientieren Sie sich daran, welche Obst- und Gemüsesorten gerade Saison haben. Sie könnten auch jeden Monat unter ein bestimmtes Motto stellen und sich vornehmen, beispielsweise im Januar einige Gerichte mit Feldsalat, Grünkohl, Wurzelpetersilie oder Äpfeln oder im August mit Fenchel, Zucchini, Tomaten, Beeren oder Pfirsichen zu kochen.

- Für Variationen können Sie außerdem sorgen, indem Sie im Lauf der Woche unterschiedliche Zubereitungsarten berücksichtigen, also Braten in der Pfanne oder im Wok, Schmoren, Kochen, Dämpfen, Backen, Grillen.

Ein weiterer Aspekt, wenn Sie Zeit sparen wollen: Es bietet sich an, von manchen Zutaten oder Gerichten die doppelte Menge zu kochen und diese an einem der nächsten Tage zu verwerten. So könnten Sie beispielsweise am Montag für Pellkartoffeln als Beilage die doppelte Menge kochen und die zweite Hälfte dann für einen Kartoffelsalat oder für Bratkartoffeln verwenden.

Oder Sie kochen – mit nur unwesentlich höherem Zeitaufwand – eine größere Menge, um diese einzufrieren. Dafür geeignete Rezepte finden Sie im Rezeptteil, sie sind durch das Symbol ❄ gekennzeichnet. Generell bieten sich Schmorgerichte dafür an (Tabelle „Einfrieren und Auftauen" ⋯⟩ Seite 31).

Es ist praktisch, wenn Sie auf dem Essensplan auch die Rezeptquelle notieren, also z. B. „Rezeptordner", „Fix Food". So sparen Sie sich vor dem Kochen überflüssiges Suchen nach dem Motto: „Wo war noch mal gleich das Rezept mit unserer Lieblingssuppe?"

Ihren Speiseplan hängen Sie dann gut sichtbar in der Küche auf. Wir haben auf Seite 16 ein Beispiel abgedruckt, wie solch ein Plan für eine Familie mit Schulkindern aussehen könnte.

Ein gesundes Frühstück und Pausenbrot sind – besonders für Kinder – wichtig. Hier werden die meisten in der Regel auf ihr bewährtes und schnelles Lieblingsfrühstück zurückgreifen. Daher haben wir für diese Mahlzeiten darauf verzichtet, für jeden Tag ein Rezept vorzuschlagen, sondern mögliche Zutaten als „Merkposten" aufgeführt, damit sie beim Einkaufen berücksichtigt werden. Wenn Sie nach neuen Ideen suchen, finden Sie dafür in den Rezeptkapiteln „Fix zum Frühstück" und „Fix zum Mitnehmen" Anregungen.

Außerdem haben wir jedem Wochentag eine oder mehrere Grundzutaten für die Hauptmahlzeit zugeordnet. Probieren Sie einfach aus, ob Ihnen diese Möglichkeit der Planung gefällt.

Speiseplan für die Woche vom ... bis zum ...

Am ...	gibt's ...	morgens	mittags	abends
Montag	Kartoffeln		Essen im Hort Büro: Essen mit Kunden	Tortilla (···> Seite 164)
Dienstag	Reste-verwertung; Vegetarisches	Kaffee, Tee, Milch, Fruchtsaft, Vollkornbrot, Butter/Margarine, Honig, Marmelade, Käse/Wurst, vegetarischer pikanter Aufstrich, Müsli, Frühstücksflocken, Haferflocken, Joghurt, Rohkost, Obst	Essen im Hort Büro: Reste von Montag-abend plus Obst	Rohkost mit Dips (···> Seite 119), Brot, Käse
Mittwoch	Pasta		Zucchini-Möhren-Spaghetti (···> Seite 147)	Milchreis (doppelte Menge kochen für Fr) mit Apfelkom-pott (···> Seite 187)
Donnerstag	Fisch		Essen im Hort Büro: Mozzarella-Brötchen (···> Seite 96)	Fischstäbchen mit Joghurtdip
Freitag	Reis, Getreide oder Hülsen-früchte		Milchreisauflauf mit Pfirsichen (persönlicher Rezeptordner)	Kalte Küche mit Resten der Woche
Samstag	Gemüse oder Eier		Fußballturnier: Essen zum Mitnehmen (Gemüsesticks, Wraps, Brote, Obst)	Minestrone mit Würstchen (···> Seite 138)
Sonntag	Pasta oder Fleisch/Geflügel		Ausflug (belegte Brötchen)	Gulasch (aufgetaut) mit Rosenkohl (TK) und Spätzle

Fixfaktor: Einkaufen mit wenig Aufwand

Auf einen Blick: Der schnelle Einkauf

- Planen Sie feste Wochentage für Ihre Einkäufe ein. Kaufen Sie möglichst zu Tageszeiten ein, in denen die Geschäfte nicht so voll sind.
- Notieren Sie sofort, wenn Sie bemerken, dass Lebensmittel fehlen oder zur Neige gehen.
- Kaufen Sie lange haltbare Lebensmittel wie Trockenprodukte und Konserven nur einmal pro Monat ein.
- Gliedern Sie Ihre Einkaufsliste gleich nach Einkaufsorten oder nach der Anordnung der Waren im Supermarkt. So geht der Einkauf schneller und es ist unwahrscheinlicher, dass Sie etwas vergessen.

Für Sie stehen zeitsparendes Einkaufen und der Preis an erster Stelle und daher besuchen Sie vor allem den Supermarkt oder Discounter? Oder gehen Sie gern auf den Wochenmarkt oder kommen auf dem Weg zur Arbeit bei einem Gemüsehändler vorbei? So unterschiedlich wie die Essgewohnheiten und die Lebenssituationen sind, so unterschiedlich ist auch das Einkaufsverhalten. Was ist Ihnen beim Einkaufen wichtig bzw. was verbinden Sie damit? Legen Sie beispielsweise auf Frische und regionale Herkunft beim Gemüse Wert? Dann wird es für Sie keine gute Alternative sein, den Gang über den Wochenmarkt durch den schnelleren Einkauf beim Discounter zu ersetzen. Vielmehr betrachten Sie den Marktbummel als Freizeitvergnügen und überlegen sich eher, welche anderen „ungeliebten" Einkaufsgänge Sie rationalisieren können. Wählen Sie aus den folgenden Tipps die für Ihre Situation passenden aus.

Planen Sie am besten **feste Wochentage für Ihre Einkäufe** ein, z. B. immer mittwochs zum Supermarkt oder Discounter und noch ein- bis zweimal zusätzlich in der Woche den Einkauf frischer Lebens- mittel wie Brot, Obst, Gemüse, Käse, Fisch, Fleisch und Wurst.

Einkaufen macht mehr Spaß und es geht schneller, wenn Sie nicht mit vielen anderen Gestressten nach Feierabend durch den Super- markt hetzen. Ganztags Berufstätige haben natürlich oft keine an- dere Gelegenheit. Vielleicht finden Sie aber auch eine Möglichkeit, ab und zu die Stoßzeiten zu umgehen, indem Sie z. B. morgens vor der Arbeit, in der Mittagspause, möglichst früh am Samstagmorgen oder, wenn möglich, spätabends einkaufen.

Vielleicht passt zu Ihrer Lebenssituation ein **Lieferservice**? Sie legen Wert auf Frische und Bioqualität, haben aber keine Zeit für einen regelmäßigen Besuch des Wochenmarktes oder Bioladens? Inzwischen gibt es eine Vielzahl von Biolieferdiensten, bei denen man ein festes Abo bestellen oder von Woche zu Woche (oder in größeren Zeitabständen) die Lebensmittel per Telefon, Fax oder im Internet auswählen kann. Auch das übliche Supermarktsortiment kann man sich von verschiedenen Anbietern per Onlinebestellung nach Hause liefern lassen. Generell sollten Sie bei Lebensmittel- bestellungen im Internet dort genauso viele Informationen zu den Produkten finden wie im Supermarkt auf den Verpackungen oder am Regal. Außerdem sollte der Händler darüber informieren, wie gekühlte Waren angeliefert werden.

Bei Ihnen verschrumpelt regelmäßig das Gemüse, weil Sie oft doch nicht zum Kochen kommen oder zu selten zu Hause sind? Für Sie käme vielleicht ein **Heimfrost-Dienst** in Frage, bei dem Sie zum Bei- spiel tiefgekühltes Gemüse und auch mal Fertiggerichte bestellen können.

Um sofort notieren zu können, was fehlt, sollten Notizblock und Stift immer griffbereit in der Küche liegen. Wenn Sie Sonderange- bote berücksichtigen wollen, werten Sie am besten die Prospekte und Anzeigen zu Hause aus und schreiben die entsprechenden

Produkte mit auf den Zettel. Aus diesen Notizen und mithilfe Ihres Speiseplans können Sie dann Ihre **Einkaufsliste** erstellen. Zusätzlich sollten Sie regelmäßig (z. B. einmal im Monat) Ihre länger haltbaren Vorräte checken (am besten mithilfe der „Vorratsliste für die schnelle Küche" ⋯⋗ Seite 23) und aufstocken. So brauchen Sie zum Beispiel nur einmal im Monat Trockenprodukte wie Reis oder Nudeln einkaufen – und können dazwischen diese Abteilung im Supermarkt links liegen lassen.

Zeitspar-Tipp

Sie brauchen bei dem riesigen Angebot im Supermarkt oft lange Zeit, um sich zum Beispiel für eines der zehn angebotenen Früchtemüslis zu entscheiden? Im Kapitel „Kriterien zur Bewertung von Convenience-Produkten" ⋯⋗ Seite 47, finden Sie Hinweise, die Ihnen die Auswahl erleichtern sollen. Haben Sie Ihr Lieblingsprodukt gefunden? Schreiben Sie sich den Namen auf oder sammeln Sie entsprechende Etiketten oder ausgeschnittene Verpackungen in einem Ordner oder einer Schachtel. Vor dem nächsten Einkauf schauen Sie dort nach und schreiben den Namen auf Ihre Einkaufsliste.

Die Einkaufsliste gliedern Sie am besten gleich nach Einkaufsstätte (z. B. Discounter, Metzger, Bäcker, Gemüsehändler) oder nach der Anordnung der Warengruppen im Supermarkt. Diese folgt fast überall dem gleichen Schema, sodass Sie auf Ihrem Gang durch den Supermarkt rasch alle Waren in Ihren Wagen einladen können, ohne viel hin und her zu laufen.

Wenn Sie sowieso häufig den PC benutzen, können Sie die Einkaufsliste auch als Vordruck im Computer anlegen und unter den entsprechenden Rubriken dann die benötigten Waren eintragen. Wer noch mehr „standardisieren" möchte, kann auch die regelmäßig gekauften Produkte gleich in der Liste abspeichern – und dann je nach Bedarf noch die nötige Menge eintragen bzw. das Produkt streichen (Beispiel ⋯⋗ Seite 20).

••• Beispiel

Im PC angelegte Einkaufsliste für den Supermarkt

Frühstücksbedarf
- Kaffee
- Toastbrot
- Früchtemüsli

Obst und Gemüse
- ...

Frischetheke Käse
- ...

Frischetheke Fleisch und Wurst
- ...

Frischetheke Fisch
- ...

Kühlregal Milchprodukte
- Fertigprodukte, Eier
- Frischmilch
- H-Milch
- Joghurt
- Butter
- Mozzarella
- Eier

Tiefkühlwaren
- Kräuter
- Erbsen
- Spinat

Backzutaten
- Vollkornmehl
- Trockenhefe

Konserven (Obst, Gemüse)
- stückige Tomaten
- Apfelmus
- Sauerkirschen

Trockenprodukte (Nudeln, Reis etc.)
- Milchreis
- Spaghetti

Süßigkeiten, Knabbergebäck
- Schokotäfelchen
- Gummibärchen

Getränke
- Mineralwasser
- Apfelsaft

Kosmetik
- Duschbad
- Zahnpasta

Haushaltsbedarf, Putzmittel
- Neutralreiniger
- Feinwaschmittel
- Toilettenpapier

2

Prinzip Eichhörnchen – kluge Vorratshaltung

Auf einen Blick: Der schnelle Weg zum wohlsortierten Vorrat

- Legen Sie sich einen auf Ihren Bedarf abgestimmten Vorrat an häufig verwendeten haltbaren Lebensmitteln an.
- Eine Checkliste für den Basisvorrat hilft Ihnen, sich rasch einen Überblick zu verschaffen, welche Lebensmittel fehlen.
- Sortieren Sie die Lebensmittel in Vorratsschrank, Kühlschrank und Tiefkühlgerät nach Lebensmittelgruppen, so finden Sie das Gesuchte schneller.
- Legen Sie sich einen Vorrat an selbst gemachten „Fertiggerichten" an, indem Sie von geeigneten Gerichten die doppelte Menge kochen.
- Für einen schnellen Überblick über Ihre Tiefkühlvorräte eignet sich eine Liste, die Sie an den Gefrierschrank hängen.

Fixfaktor: Basisvorrat für die schnelle Küche

Ein Vorrat mit häufig verwendeten Lebensmitteln bildet eine gute Grundlage für die schnelle Küche: Mit einem auf Ihre Bedürfnisse abgestimmten Vorrat können Sie leichter auch einmal ganz spontan kochen und die Wahrscheinlichkeit, dass Zutaten für ein Rezept fehlen, ist geringer. Mit einer Checkliste für die Vorräte verschaffen Sie sich rasch einen Überblick und können damit auch gleich Ihren Einkaufszettel ergänzen.

Die folgende Liste soll Ihnen als Anregung dienen: Sie haken die Produkte ab bzw. ergänzen oder ersetzen sie nach Ihren persönlichen Vorlieben. Ein besonderes Augenmerk wurde darauf gelegt, dass Sie mit den Vorräten möglichst viele Rezepte aus diesem Buch zubereiten können, jeweils ergänzt durch frische Zutaten.

Der Vorrat ist weniger als „eiserne Reserve" für Notzeiten konzipiert, sondern als „aktiver Vorrat", den Sie in Ihre Essensplanung mit einbeziehen. Die Mengen sind auf einen Zwei-Personen-Haushalt abgestimmt, reichen häufig aber auch für vier Personen. Sind Sie Single oder Sie und Ihr/e Partner/-in essen regelmäßig außer Haus, können Sie die Mengen bzw. die Auswahl entsprechend reduzieren.

Vorratsliste für die schnelle Küche (2-Personen-Haushalt)

Im Vorratsschrank oder -regal

Trockenware

1 Packung Nudeln
1 Packung Wok-Nudeln oder chinesische Eiernudeln
1 Paket Schnellkoch-Reis
1 Paket Mehl (z. B. Weizenmehl, Vollkornmehl)
1 Paket Zucker
1 Packung schnell kochendes Getreide nach Geschmack,
z. B. Hirse, Couscous
1 Packung getrocknete rote Linsen
1 Packung getrocknete Pilze
1 Packung Trockenobst
1 Packung Rosinen
1 Packung Müsli
1 Packung Haferflocken
1 Packung ganze Haselnüsse oder Mandeln
1 Packung Sonnenblumen- oder Kürbiskerne
Weinstein-Backpulver (phosphatfrei)
Trockenhefe
1 Tafel Schokolade
Vanillezucker, Puddingpulver
Kaffee, Tee, Kakaopulver
Instantbrühe (Gemüse, Huhn, Rind, in Bioqualität)
1 Packung Kekse

1 Packung Zwieback oder Knäckebrot
1 Packung Salzgebäck

Konserven

1 Flasche Pflanzenöl (z. B. Rapsöl, Olivenöl)
1 Flasche Essig (z. B. Weißweinessig, Balsamicoessig)
1 Glas Wiener Würstchen oder Bockwürstchen
1 Glas Sardellen
2 Packungen/Dosen geschälte Tomaten
1 Dose Gemüsemais
1 Dose Bohnen (z. B. weiße Bohnen, Kidneybohnen)
1 Glas Oliven
1 Glas Kapern
1 Glas saure Gurken
Senf (z. B. Dijon-Senf, körniger Senf, mittelscharfer Senf)
Tomatenmark, Tomatenketchup, Sojasauce
Honig, Konfitüre
1 Glas/Dose Obst (z. B. Kirschen, Pfirsiche, Ananas, Mandarinen)
1 Becher H-Schlagsahne
2 Packungen H-Milch

Getränke

Mineralwasser
Fruchtsaft
Getränke für die Gästebewirtung nach persönlichen Vorlieben

Frisches

1 kg Äpfel
1 kg Kartoffeln
1 kg Möhren
1 Netz Zwiebeln/Schalotten
1 Knoblauchknolle
1 Netz Biozitronen

Kräuter und Gewürze

Jodsalz, Pfefferkörner
Muskatnuss

Paprikapulver, edelsüß und rosenscharf
Cayennepfeffer
Currypulver
Zimtpulver
Lorbeerblätter
3–4 Packungen getrocknete Kräuter (z. B. Kräuter der Provence,
Oregano, Thymian, Majoran, Bohnenkraut)
Lieblingsgewürzmischung

Im Kühlschrank

6 Eier
125 g Käse zum Reiben (z. B. Parmesan, Pecorino)
1 l Milch
250 g Quark
250 g Joghurt
1 Becher saure Sahne oder Schmand
1 Becher Schlagsahne
1 Paket Butter oder Margarine
pikante Dauerwurst (z. B. Chorizo, Salami) oder Schinkenwürfel

In der Gefriertruhe (falls vorhanden)

2–3 Packungen Kräuter (z. B. Petersilie, Schnittlauch, gemischte Kräuter)
1 Packung Suppengrün
2–3 Packungen Gemüse nach Geschmack (z. B. Spinat,
Brokkoli, grüne Bohnen oder Erbsen)
1 Packung Fischfilets
400 g Hackfleisch
2 Portionen Fleisch zum Kurzbraten
1 Packung Blätterteig
1 Packung Beeren
1 Packung Eis (z. B. Vanille, Erdbeer)
1 Kuchen aus Rühr- oder Hefeteig
1 geschnittenes Brot

 Zeitspar-Tipp

Kopieren Sie unsere Auflistung oder legen Sie sich eine an Ihren Bedarf angepasste im PC an. Mit dieser Checkliste können Sie vor einem größeren Einkauf rasch überprüfen, welche Vorräte Sie aufstocken müssen.

Fixfaktor: Gut sortiert

Durch Ordnung in Vorratsschrank, Keller und Kühlschrank erspa-
ren Sie sich unnötiges Suchen. Sortieren Sie Lebensmittel nach
Gruppen, im Vorratsschrank beispielsweise anhand Ihrer Vorrats-
Checkliste. Haben Sie viele Gewürze und Kräuter? Diese können Sie
auch nach dem Alphabet sortieren.

Auch im Tiefkühlgerät finden Sie das Gesuchte schneller, indem Sie
ähnliche Lebensmittel im gleichen Fach lagern. Außerdem ist die
Gefahr dann geringer, dass Sie Vorräte vergessen. Im Kühlschrank
ergibt sich die Ordnung schon durch die unterschiedlichen Temperaturen in den einzelnen Zonen.

Systematik im Vorratsschrank

In einem Vorratsschrank können die Regale zum Beispiel folgender-
maßen mit Lebensmitteln bestückt werden:

- Frühstückszutaten
- Gewürze, Kräuter, Essig, Öl
- Trockenwaren (z. B. Mehl, Reis, Nudeln, Grieß)
- Konserven (z. B. Tomaten, Gemüse, Obst, Saucen im Glas)
- Backzutaten

Aufbewahrung im Kühlschrank

Im Kühlschrank herrschen in den einzelnen Fächern unterschiedliche Temperaturen (im Mehrzonen-Kühlgerät zusätzlich noch
unterschiedliche Grade von Luftfeuchtigkeit). Dadurch ergibt sich
die Ordnung eigentlich von selbst (⋯⋗ Seiten 27 und 28). Füllen
Sie Reste von Mahlzeiten sofort in ein verschließbares Gefäß um

und stellen Sie sie abgekühlt in den Kühlschrank bzw. frieren Sie
sie ein. Wenn Sie Reste öfter einmal vergessen, hängen Sie sich
am besten einen Erinnerungszettel an den Kühlschrank, denn aus
den Resten lässt sich oft mit wenig Aufwand eine weitere Mahlzeit
zubereiten.

Was gehört wohin im Kühlschrank?

Lagerplatz	Lebensmittel
Oberstes Fach (ca. 8 °C)	Käse, zubereitete Speisen, Geräuchertes
Mittleres Fach (ca. 5 °C)	Milch und Milchprodukte
Unterstes Fach über der Glasplatte (2–3 °C)	Leicht Verderbliches wie Fleisch, Fisch, Geflügel, Wurstwaren, Feinkostsalate, angebrochene Packungen
Gemüsefach (ca. 9 °C)	Obst und Gemüse (mit Ausnahme der für den Kühlschrank ungeeigneten Sorten wie Melonen, Ananas, Avocados, Bananen, Zitrusfrüchte, Auberginen, Gurken, grüne Bohnen, Paprika, Tomaten, Zucchini)
Kühlschranktür (ca. 9 °C)	Eier, Butter, Dressing, Saucen, Tuben, Konfitüre, Getränke

Immer mehr Hersteller haben sogenannte Mehrzonen-Geräte
im Programm, die neben dem normalen Kühlbereich auch eine
Kaltlager-Zone mit Temperaturen zwischen 0 und 2 °C bieten. Der
Vorteil: Milch, Gemüse, Wurst und andere schnell verderbliche
Lebensmittel halten sich darin bis zu dreimal länger frisch als im
herkömmlichen Kühlschrank. Nicht nur die Temperatur, auch die
Luftfeuchtigkeit lässt sich regulieren. Bei den Klimazonen in diesen
Kühlschränken werden Null-Grad-Zone – trocken oder feucht –,
Kühlzone, Kellerzone und Gefrierzone unterschieden.

In einem Mehrzonen-Kühlgerät ist es wichtig, die Lebensmittel verpackt oder abgedeckt zu lagern, mit Ausnahme der feuchten Null-Grad-Zone: Hier müssen die Lebensmittel offen gelagert werden, wobei das Fach immer möglichst gut gefüllt sein sollte.

Was gehört wohin im Mehrzonen-Kühlgerät?

Klimazone	Lebensmittel
Null-Grad-Zone, trocken (relative Luftfeuchtigkeit 50–55 %)	Fisch, Fleisch, Fleischwaren (Wurst), Geflügel, Milchprodukte und Käse
Null-Grad-Zone, feucht (relative Luftfeuchtigkeit bis 95 %)	kälteunempfindliches Gemüse, Obst, Küchenkräuter, Pilze und Salate
Kühlzone (4–8 °C)	Eier, Margarine, Konfitüre, Fertiggerichte, Kuchen, Torten, gegarte Speisen und Mayonnaise
Kellerzone (8–12 °C)	kälteempfindliche Lebensmittel, z. B. Südfrüchte, Tomaten, Gurken oder Kartoffeln
Gefrierfach (–18 °C)	Einfrieren und Lagern von Tiefkühlkost

Tiefkühlvorrat gut sortiert

Damit Sie Ihren auf Eis gelegten Vorrat gut nutzen, gilt auch hier: Überblick behalten! Selbst eingefrorene Lebensmittel sollte man gleich mit Inhaltsangabe und Datum beschriften, eventuell auch das Verfallsdatum mit notieren (siehe zur Lagerdauer die Tabelle „Einfrieren und Auftauen" ⋯⋗ Seite 31). Generell sollte man die Lagerzeit nicht bis zum letzten Tag ausreizen – auch Tiefgekühltes verliert nach und nach an Geschmack. Nicht zu vergessen, kostet das Tiefgefrieren auch Energie.

Bei Backwaren haben wir die Lagerdauer etwas kürzer bemessen, da sie erfahrungsgemäß nach einigen Monaten zwar noch genießbar sind, aber nicht mehr gut schmecken.

Für Ordnungsliebende bietet sich auch hier eine Liste der Vorräte an, die Sie an die Tür des Tiefkühlgeräts hängen können. Lebensmittel, die Sie herausnehmen, streichen Sie durch. Werfen Sie bei der Essensplanung einen Blick auf die Liste, damit die Lebensmittel rechtzeitig vor dem Verfallsdatum verwertet werden.

Zeitspar-Tipp

Im Tiefkühlgerät finden Sie das Gesuchte schneller, wenn Sie die Lebensmittel nach Produktgruppen sortiert aufbewahren, z. B. Gemüse und Kräuter immer in die oberste Schublade packen. So wird auch keine Energie durch Suche bei lange offen stehender Tür vergeudet.

Tiefkühlprodukte selbst gemacht

Gerade in der schnellen Küche ist ein Vorrat an Lieblings-Tiefkühlprodukten sinnvoll – besonders TK-Gemüse oder Kartoffelzubereitungen sparen sehr viel Vorbereitungszeit.

Aber Sie können auch den anderen Weg gehen und „Fertigprodukte" selbst herstellen: Manche Gerichte bieten sich geradezu an, um davon eine größere Menge zuzubereiten und die überschüssigen Portionen einzufrieren:

- Suppen
- Eintöpfe
- Aufläufe
- Hackfleischgerichte
- Kuchen, Brot

Im Rezeptteil sind die entsprechenden Gerichte mit dem Symbol gekennzeichnet. Welche Gerichte und Lebensmittel sich zum Einfrieren generell eignen und wie man sie am schonendsten auftaut, finden Sie in der Tabelle „Einfrieren und Auftauen" (⋯⟶ Seite 31).

Wenn Sie Gerichte fürs Einfrieren zubereiten, beachten Sie dabei Folgendes:

- Bereiten Sie Suppen oder Saucen ohne Eigelb, Sahne oder Milch zu, da diese nach dem Auftauen ausflocken.
- Würzen Sie eher sparsam, da manche Gewürze durch das Einfrieren ihren Geschmack verändern.
- Garen Sie die Gerichte etwas kürzer als im Rezept angegeben, damit sie nach dem Auftauen und Aufwärmen nicht zu weich sind.

Natürlich eignet sich auch die Mikrowelle gut zum Auftauen von Gerichten. Achten Sie dabei darauf, dass die Speisen gut durchwärmt werden und keine „Kälteinseln" erhalten bleiben.

Schon einmal aufgetaute Fertiggerichte (oder selbst zubereitete gegarte Speisen) sollten Sie nicht noch einmal einfrieren, der Verlust an Inhaltsstoffen und Qualität wäre einfach zu groß.

Einfrieren und Auftauen

Geeignet zum Einfrieren	Lagerdauer	Auftauen und Weiterverarbeiten
Roher Teig (Hefeteig, Mürbeteig)	1 Monat	Bei Zimmertemperatur auftauen lassen und wie frischen Teig verarbeiten Hefeteig muss man nach dem Auftauen vorher noch einmal abgedeckt gehen lassen
Kuchen (Hefegebäck, Rührkuchen, Biskuitboden) und Brote	bis zu 2 Monaten	Ganze Kuchen und Brote ca. 1 Stunde bei Zimmertemperatur antauen lassen und dann ca. 10 Minuten bei 200 °C im Backofen oder kurz in der Mikrowelle aufbacken Biskuitboden bei Zimmertemperatur auftauen lassen
Blätterteiggebäck	2 Monate	Ca. 10 Minuten bei 200 °C im Backofen oder kurz in der Mikrowelle aufbacken
Brote in Scheiben	bis zu 2 Monaten	Im Toaster auftauen
Pfannkuchen	2–3 Monate	An- oder auftauen und im Backofen bei 200 °C (nach Wunsch süß oder pikant gefüllt) erwärmen
Fleischgerichte mit Sauce (z. B. Gulasch, Frikassee, Geschnetzeltes, Braten mit Sauce)	3 Monate	Antauen lassen und im Wasserbad oder Kochtopf mit wenig Flüssigkeit bzw. in der Sauce erwärmen
Gebratene Frikadellen	3 Monate	Im Kühlschrank auftauen lassen (zum kalten Verzehr) oder anschließend im Backofen bei 200 °C oder in der Pfanne erwärmen
Kurzgebratenes (Schnitzel, Steaks etc.)	3 Monate	Antauen und in wenig Fett in der Pfanne oder bei 200 °C im Backofen (oder unter dem Grill) mit etwas Fett bepinselt erwärmen
Aufläufe	je nach Zutat 3–6 Monate	Antauen lassen, im Backofen bei 200 °C erwärmen, dabei abdecken und evtl. mit etwas Butter bepinseln
Klare und gebundene Suppen (ohne Eigelb, Milch und Sahne)	4–6 Monate	Unaufgetaut im Kochtopf erhitzen (bei gebundenen Suppen etwas Wasser hinzugeben)
Saucen (ohne Eigelb, Milch und Sahne)	4–6 Monate	Unaufgetaut oder angetaut im Kochtopf langsam erwärmen
Eintöpfe	4–6 Monate	Unaufgetaut im Kochtopf mit wenig Wasser erhitzen
Reis, Nudeln	6 Monate	Unaufgetaut in kochendes Salzwasser oder in die kochende Suppe geben

3

Küchenausstattung für die schnelle Küche

Simsalabim: Geräte mit eingebautem Turbo-Gang, mit denen die Arbeit halb so viel Zeit braucht und die speziell für die schnelle Küche geeignet sind? Leider wurden noch keine „Zaubergeräte" erfunden, es sei denn, man überlässt das Kochen der Lebensmittelindustrie und das Erwärmen der Fertiggerichte der Mikrowelle. Für alle aber, die regelmäßig kochen möchten, ist zunächst eine Grundausstattung zweckmäßig – ob Sie nun am liebsten schnell und unkompliziert kochen oder auch gern mal Aufwendiges zelebrieren.

Im Folgenden finden Sie eine Liste der Basis-Küchengeräte, die für jeden Haushalt sinnvoll sind, in dem häufiger gekocht wird. Darüber hinaus nennen wir Spezialgeräte, die zweckmäßig sind, wenn Sie bestimmte Gerichtarten häufig zubereiten, und solche, die für die Beschleunigung bestimmter Arbeitsgänge geeignet sind. Hier entscheiden Sie selbst, was für Sie nützlich ist.

Die Grundausstattung – Qualität zahlt sich aus!

Stumpfe Messer mit unstabilen Klingen, Töpfe mit unebenem Boden und schlecht sitzenden Deckeln, Rührschüsseln, die nicht standfest sind – mit solchen Küchengeräten macht das Kochen keinen Spaß und dauert zudem länger. Daher lohnen sich die billigsten Artikel nicht, die auf ihre oft kurze Lebensdauer gerechnet doch nicht preiswert sind. Checken Sie bei der folgenden Liste, was für Sie in Frage kommt.

Basis-Küchenausstattung

Koch- und Bratgeschirr

2 Bratpfannen (mit Deckel; 18–24 cm Ø)
Ideal sind eine Pfanne aus Edelstahl oder Gusseisen zum
scharfen Anbraten von Fleisch und eine antihaftbeschichtete
Pfanne zum Braten von Eierspeisen und panierten Lebensmitteln
bei mittlerer Temperatur.

1 Stieltopf (1,5 Liter, 16 cm Ø)
1 Kartoffeltopf (2 Liter, hoch, 16 cm Ø)
1 Gemüsetopf (3 Liter, flach, 20 cm Ø)
1 Fleischtopf (4 Liter, flach, 20 cm Ø)
1 Suppentopf (mindestens 5 Liter, 20–24 cm Ø)
1 Bräter
1 Auflaufform

Schneidewerkzeuge, Schäler, Reiben

1 Universalschere
1 Brotmesser
1 Gemüsemesser
1 Kochmesser
1 Schälmesser
1 Schinkenmesser
1 Wetzstahl
1 Pendel- und/oder Sparschäler
1 Mehrzweckreibe mit Hobel

Löffel, Hebegeräte

2   Kochlöffel
1   Pfannenwender
1–2 Schöpfkellen (bei 2: mit unterschiedlicher Größe)
1   Fleischgabel
1   flacher Schaumlöffel
1   Schneebesen

Schüsseln, Siebe

1 Rührschüssel (3 Liter)
1 hoher Rührbecher
2 große Schüsseln (1,5–3 Liter, zum Bereitstellen größerer Mengen vorbereiteter Zutaten wie Gemüse, Fleisch, Salat)
2 kleine Schüsseln (z. B. für das Anrühren von Salatsaucen, zum Bereitstellen von kleineren Mengen vorbereiteter Zutaten, z. B. gehackten Zwiebeln)
1 Rundsieb
1 Standseiher
1 Salatschleuder

Elektro-Kleingeräte

1 Handrührgerät mit Knet- und Rührhaken (evtl. mit Zubehör wie Mixstab, Schnitzelwerk, Mixaufsatz)
1 Mixstab (Stabmixer)
1 Wasserkocher

Sonstiges

1 Haushaltswaage
2 Schneidebretter unterschiedlicher Größe
Praktisch ist ein Schneidebrett mit umlaufender Rinne, die austretenden Saft von wasserreichen Lebensmitteln, z. B. Orangen oder Tomaten, auffängt.
1 Dosenöffner
1 Kronkorkenöffner
1 Korkenzieher
1 Kurzzeitwecker

Ausstattung fürs Backen

1 Napfkuchenform
1 Springform mit 2 Böden
1 Kastenform
1 Teigrolle
1 Backpinsel
1 Teigschaber

> **❗ Tipp**
>
> Gute Messer müssen regelmäßig geschliffen werden. Daher sollten Sie bei ihrer Anschaffung gleich einen guten Wetzstahl mitkaufen. Andere Messerschärfer sind nicht empfehlenswert, denn sie nutzen die Klingen schnell ab.

Holz- oder Kunststoffbretter?

Holz hat den Nachteil, dass es durch Wasser aufquillt, vorhandene Risse – die beim Schneiden zwangsläufig entstehen – sich dadurch schließen und Bakterien darin gut überleben können. Spülen Sie deshalb Holzbretter heiß von Hand und nicht in der Spülmaschine und stellen Sie sie so auf, dass sie rasch trocknen. Kunststoffbretter können in der Spülmaschine gereinigt werden. Es empfiehlt sich außerdem, Holzbretter nicht für das Zerkleinern von rohem Fleisch oder Geflügel zu benutzen und unterschiedliche Schneidebretter für unterschiedliche Lebensmittel (eines für Fleisch/Geflügel und eines für Obst/Gemüse) zu verwenden. Ob Holz oder Kunststoff: Stark zerkratzte Bretter sind ein Nährboden für Mikroorganismen und sollten daher durch neue ersetzt werden. Achten Sie auch hier beim Einkauf auf Qualität: Billige Produkte verformen sich meist rasch und zerkratzen schnell.

Spezialgeräte – für wen lohnt sich die Anschaffung ...

... eines Schnellkochtopfes?

Für alle, die häufig länger garende Speisen zubereiten wie Schmorgerichte, Gerichte aus Getreidekörnern, Hülsenfrüchten oder Winterkohl. Bei solchen Gerichten wirkt sich die um 70 % verkürzte Garzeit erheblich aus. Das heißt: Ein Gericht, das normalerweise eine Stunde Zeit zum Garen braucht, schafft es in einem Schnellkochtopf in rund 20 Minuten.

... eines Woks?

Selbstverständlich für alle, die die fernöstliche Küche lieben. Man kann darin aber alle Gerichte zubereiten, die man sonst in einem großen Topf kocht, z. B. auch Schmorgerichte. Sie kochen gern unkompliziert, vitaminreich und fettarm? Dafür eignet sich die Methode des Pfannenrührens perfekt. In einem Dämpfeinsatz kann man außerdem sehr gut große Gemüsemengen oder große ganze Fische dämpfen.

... einer Mikrowelle?

Sie kann sich für Single- und Zwei-Personen-Haushalte lohnen: Mit der Mikrowelle spart man beim Kochen Strom und Zeit, wenn man häufig kleinere Mengen unter 500 g gart. Das kann auch für größere Haushalte interessant sein, in denen die Familienmitglieder die warmen Mahlzeiten oft zeitversetzt einnehmen müssen. Mit der Mikrowelle können alle Komponenten einer Mahlzeit (z. B. Fleisch, Kartoffeln, Gemüse) zusammen auf einem Teller rasch erwärmt werden.

... einer Küchenmaschine?

Zur Grundausstattung der Maschine gehören ein Knet- und Rührwerk und ein Mixer. Es gibt größere Universalküchenmaschinen und kleinere Kompaktmaschinen, die für geringere Mengen geeignet sind. Eine Küchenmaschine lohnt sich für alle, die regelmäßig backen, da man mit ihr schneller und komfortabler arbeiten kann als mit dem Handrührgerät. Wenn Sie häufig Obst und Gemüse zubereiten, empfiehlt sich als Zusatzgerät ein Schnitzelwerk zum Raspeln, Schneiden, Reiben oder Stifteln. Dies rentiert sich allerdings erst bei regelmäßiger Benutzung und größeren Mengen – sonst tut es auch die einfache Multifunktionsreibe. Achten Sie darauf, dass das Gerät einfach zu reinigen ist und in der Küche einen festen Platz hat.

... eines Mixers?

Mit einem Standmixer kann man größere Mengen verarbeiten als mit einem Mixstab (Stabmixer), mit dem man direkt in Töpfen oder Schüsseln arbeiten kann. Er gehört zur Grundausstattung der Küchenmaschinen, es gibt ihn aber auch als Sologerät oder als Zubehör zum Handrührgerät. Er lohnt sich, wenn Sie öfter größere Mengen Obst, Gemüse, Kräuter oder auch Käse, Schokolade oder Nüsse zerkleinern oder gerne größere Mengen Milchshakes oder Saucen wie Mayonnaise oder Aioli anfertigen.

... einer Getreidemühle?

Sie lohnt sich dann, wenn Sie häufig Getreidegerichte zubereiten, selbst gemachtes Frischkornmüsli lieben oder sehr häufig mit Vollkornmehl backen.

Speed-Geräte

Zum Schluss noch eine Auswahl von Geräten, mit denen Sie bestimmte Arbeitsgänge schneller und häufig auch besser ausführen können.

Eierschneider
Neben gekochten Eiern können Sie damit auch gekochte Kartoffeln, Champignons und Mozzarella schneiden.

Knoblauchpresse
Das Zerkleinern von Knoblauch und von (in grobe Stücke geschnittenen) Zwiebeln geht damit wesentlich schneller. Achten Sie darauf, dass die Presse leicht zu reinigen ist.

Kugelausstecher
Hiermit lassen sich mit wenig Aufwand dekorative Effekte erzeugen, indem z. B. für Obstsalate aus Melonen oder Äpfeln Kugeln

herausgedreht werden. Darüber hinaus können Sie mit dem Kugelausstecher aber auch sehr gut und schnell Tomaten, Zucchini oder
Gurken aushöhlen, Birnenhälften entkernen oder die Reste des
faserigen Innenlebens aus einem Kürbis herauskratzen.

Mörser

Für alle, die gern mit Gewürzen kochen: Damit zerkleinern Sie ganze Körner wie Pfeffer, Piment, Wacholder, Koriander, Kardamom-
samen, getrocknete Chilischoten. Auch für die schnelle Pesto-Zube-
reitung geeignet: Im Nu sind etwas grob gehackter Knoblauch und
Kräuter darin zerdrückt. Kaufen Sie einen schweren, standfesten
Porzellanmörser.

Salatschleuder

Zum Waschen und Trocknen von Blattsalat – zu nasser Salat ver-
wässert die Sauce und macht sie dadurch fad. Sie lohnt sich, wenn
Sie regelmäßig Salat essen. Ansonsten kann der Salat auch in ein
sauberes Küchenhandtuch gelegt und mit der Hand herumgewir-
belt werden, doch wenn man die Küche nicht vollspritzen möchte,
muss man dazu ins Freie gehen.

Spätzlepresse

Die schnellsten selbst gemachten Nudeln sind Spätzle: Teig aus
Mehl, Mineralwasser und Eiern verrühren, durch die Presse in kochendes Wasser drücken, aufsteigende Nudeln mit der Schaumkel-
le herausheben – das dauert tatsächlich nur unwesentlich länger
als das Kochen gekaufter Nudeln! Allerdings ist der Reinigungsauf-
wand zugegebenermaßen größer. Auch gekochte Kartoffeln lassen
sich mit einer Spätzlepresse zu Brei zermusen.

Wasserkocher

Wasser bringen Sie mit dem Wasserkocher viel energiesparender
und schneller zum Sieden als mit dem Kessel oder im Topf auf dem
Herd. Also: Wenn Sie größere Mengen Wasser, z. B. für Nudeln
oder Kartoffeln, benötigen, erhitzen Sie die Hauptmenge mit dem
Wasserkocher und schütten das Wasser dann zu der kleinen Was-
sermenge im Topf auf der eingeschalteten Herdplatte.

4

Lebensmittelauswahl – fix und fertig aus dem Supermarkt

Tiefkühlpizza, Fertigsauce, Kartoffelpüreepulver, Dosenmais –
fast jede und jeder greift mehr oder weniger regelmäßig auf die
Produkte der Lebensmittelindustrie zurück, die unter dem Begriff
„Convenience-Produkte" zusammengefasst werden. Das englische
Wort „convenient" mit den Bedeutungen: bequem, komfortabel,
nützlich, bringt dabei sehr gut zum Ausdruck, was der Zweck dieser
Produkte ist: Sie sollen einfach zu handhaben sein und die Zuberei-
tung beschleunigen.

Convenience-Produkte sind „durch den Einsatz von menschlicher oder
maschineller Arbeit vorbereitet und meist durch physikalische und
chemische Verfahren haltbar gemacht worden". Das fängt bei Lebensmitteln wie Brot, Schnitzel (das ja vom Metzger vorbereitet wurde),
Nudeln aus der Packung, pasteurisierter Milch und Joghurt, gehackten
Nüssen usw. an und hört beim Fertiggericht auf, das nur noch zum
Aufwärmen in die Mikrowelle muss.

In diesem Kapitel liegt das Augenmerk darauf, was ein Lebensmittel
bzw. ein Produkt schnell und leicht handhabbar in der Zubereitung
macht. „Convenient" sind zuallererst von Natur aus fixe Lebensmittel, in die Sie sozusagen gleich hineinbeißen können. Sie werden
hier kurz vorgestellt. Der Schwerpunkt liegt allerdings bei den stär-
ker verarbeiteten Produkten. Eine einfache Beurteilung, z. B. nach
dem Motto: „Dosenware ist generell vitaminarm, Müsli ist immer
gesund und Tiefkühlprodukte sind immer die beste Wahl", ist dabei
nicht möglich. Selbst bei ähnlichen Produkten bestehen oft große
Unterschiede. Daher wollen wir im Anschluss an den Überblick über
die Angebotspalette versuchen, Ihnen einfache Kriterien für eine
gute Produktauswahl an die Hand zu geben.

Da sind zunächst die Informationen auf der Verpackung: Was sagen
Zutatenliste, Nährwertangaben und diverse Label über das Produkt
aus?

Im Anschluss daran geht es um den gesundheitlichen Wert: Sind genug gesunde Inhaltsstoffe enthalten, wird die tolerierbare Höchstmenge an Fett, Zucker und Salz nicht überschritten, stehen viele Zusatzstoffe in der Zutatenliste?

Und schließlich kommen die praktischen Vorteile unter die Lupe, ob Convenience-Produkte preiswert sind und man damit wirklich Zeit sparen kann.

Die Beurteilung des Geschmacks bleibt dabei Ihnen überlassen. Klar ist: Convenience-Produkte sind so „geschmacksdesignt", dass sie möglichst vielen Menschen schmecken, und kommen in Individualität und Raffinesse an eine gut zubereitete frische Mahlzeit nicht heran. Doch können die Unterschiede zwischen äußerlich ähnlichen Produkten groß sein, da die Qualität der Zutaten und die verwendete Gartechnik einen großen Einfluss haben. Außerdem sind die Geschmäcker verschieden und ein Fertigprodukt, das für den einen würzig schmeckt, wird eine andere als zu salzig beurteilen.

Auf einen Blick: Fix-Check Convenience-Produkte

- Ein Blick auf die Zutatenliste zeigt: Die Zutaten sind auf dem Etikett immer in absteigender Reihenfolge ihres Gewichtsanteils aufgeführt. An der ersten Stelle steht die Zutat, von der am meisten enthalten ist, an letzter Stelle die Zutat mit dem geringsten Anteil.
- Ungünstig ist, wenn Fett, Öl, Zucker und seine „Verwandten", wie Traubenzucker (Glukose), Fruchtzucker (Fructose), Dextrose, Glukosesirup, als Zutaten einen der vorderen Plätze einnehmen. Das deutet auf einen kalorienreichen Inhalt hin.
- Günstig ist, wenn möglichst viele namengebende Zutaten enthalten sind, also die Fischstäbchen möglichst viel Fisch und die Gemüsesuppe möglichst viel Gemüse enthalten und der Erdbeergeschmack im Joghurt nicht nur aus dem Aroma stammt.
- Bevorzugen Sie Produkte mit möglichst wenig Zutaten und Zusatzstoffen, z. B. Bioprodukte.

- Orientieren Sie sich bei der Beurteilung des Nährstoffgehalts an der Menge pro 100 g. Wenn Portionsgrößen angegeben sind: Überlegen Sie, ob die Menge für Sie realistisch ist. Auf der Vorderseite finden sich oft grafisch hervorgehoben die Nährstoffwerte pro Portion. Verwechseln Sie diese nicht in der Eile mit den Angaben für 100 g.
- Bei Hauptgerichten sollte eine Kalorienmenge von 600 bis maximal 800 kcal nicht überschritten werden.
- Müslis und Frühstückscerealien sollten möglichst viel Vollkorngetreide und wenig bis keinen Zucker enthalten. Auch Milchprodukte (z. B. Fruchtjoghurts) oder Desserts aus dem Kühlregal (z. B. Pudding) enthalten oft reichlich Zucker.
- Fertiggerichte enthalten oft zu viel Fett und Salz. Achten Sie bei Ihrer Auswahl besonders auf diese Nährstoffe.
- Nehmen Sie die Ampelcheck-Karte der Verbraucherzentrale mit zum Einkauf (⋯➔ Seite 56). Diese hilft Ihnen, die Nährstoffangaben zu bewerten. Siehe hierzu auch: www.ampelcheck.de.

Ganz natürlich: schnelle Lebensmittel

Zuerst geben wir Ihnen einen kurzen Überblick über unbearbeitete Lebensmittel, die von Natur aus relativ schnell zubereitet sind. So gibt es Obst- und Gemüsesorten, bei denen der Vorbereitungsaufwand sehr gering ist. Beispiel Kohlgemüse: Die Vorbereitung eines Wirsingkopfes geht schneller als die der gleichen Menge Rosenkohlröschen. Bei jedem einzelnen Rosenkohlröschen müssen die welken Blätter entfernt, der Strunk abgeschnitten und die Basis der Röschen kreuzweise eingeritzt werden. Auch bei Getreide und Hülsenfrüchten gibt es einige von Natur aus schnelle Vertreter.

Unverarbeitete „fixe" Lebensmittel

Gemüse und Salat

	Grüner Spargel	Rucola
Blumenkohl	Gurken	Staudensellerie
Chicorée	Kohlrabi	Sprossen
Chinakohl	Kresse	Tomaten
Eisbergsalat	Lauch	Wirsing
Fenchel	Möhren	Zucchini

Obst

	Blaubeeren	Melonen
Äpfel	Brombeeren	Nektarinen
Aprikosen	Erdbeeren	Pfirsiche
Bananen	Himbeeren	Stachelbeeren
Birnen	Kiwis	Trauben

Getreide und Hülsenfrüchte

	Couscous	Hirse
Bulgur	Getreideflocken	Rote Linsen

Convenience-Produkte – Service mitgekauft

Convenience-Produkte lassen sich unterscheiden nach ihrem Bearbeitungsgrad und der Art der Haltbarmachung. Um die Unterschiede zwischen den Produkten besser beurteilen zu können, ist es hilfreich, sich diese Kriterien einmal bewusst zu machen.

Bequemfaktor Bearbeitungsgrad

Je mehr Arbeitsschritte vom Lebensmittelhersteller übernommen wurden, desto weniger Arbeit haben die Verbraucher/-innen damit – andererseits aber auch weniger Einfluss auf die Zusammensetzung und den Geschmack. Beispiel Kirschkompott: Hierfür können entweder frische Kirschen, bereits entstielte und entsteinte Tiefkühlware oder ein Kompott aus dem Glas verwendet werden. Beim letztgenannten Produkt hat man am wenigsten Arbeit, andererseits ist bereits Zucker zugefügt worden.

Convenience-Produkte: Klassifizierung nach Bearbeitungsgrad

Bearbeitungsgrad	Convenience-Anteil im Produkt	Was noch zu tun bleibt	Beispiele
Unbehandelte Rohware		Waschen, putzen, zerteilen, zerlegen	Frisches Gemüse und Obst, ganze, nicht ausgenommene Fische
Küchenfertig	Nicht essbare Teile sind entfernt	Nach Rezept vorbereiten, evtl. garen	TK-Gemüse und -Obst (ohne weitere Zugaben), geputzter Salat, geschälter Spargel, Fischfilets, Speckwürfel, Schnitzel, Hackfleisch, gehackte, gehobelte, gemahlene Nüsse

Convenience-Produkte: Klassifizierung nach Bearbeitungsgrad

Bearbeitungs-grad	Convenience-Anteil im Produkt	Was noch zu tun bleibt	Beispiele
Fertig zur Aufbereitung	Aus den Lebensmitteln wurde durch Entzug von Wasser ein Trockenprodukt hergestellt, z. T. sind weitere Zutaten zugefügt	Weitere Lebensmittel hinzufügen, evtl. garen	Salatdressings aus der Tüte, Saucen aus der Tüte, Kartoffelpüreepulver, Instant-Kakaopulver, Fertigmüsli, Backmischungen (z. B. für Kuchen oder Getreidebratlinge)
Garfertig	Die Lebensmittel sind mit weiteren Zutaten kombiniert (z. B. gewürzt, paniert)	Kein Rezept nötig, Produkte können nach Packungsanleitung ohne Zugabe weiterer Zutaten (bzw. z. T. durch Zugaben von Wasser oder Fett) gegart werden	TK-Rahmspinat (u. a. TK-Gemüsezubereitungen), TK-Kartoffelpuffer, Fischstäbchen, TK-Gemüsesticks, Tütensuppen, Nudelgerichte und -saucen aus dem Kühlregal
Fertig zum Aufwärmen	Die Lebensmittel sind fertig zubereitet, vorgegart oder vollständig gegart	Erwärmen (z. B. im Wasserbad, Backofen, Mikrowelle, Kochtopf)	TK-Fertiggerichte, Fertiggerichte aus der Dose oder Plastikschale
Verzehrfertig	Alle Vor- und Zubereitungsschritte wurden übernommen	Verzehren	Fertigsalate, kalte Saucen, Fischkonserven, Snacks, Backwaren, Müsliriegel, Speiseeis, Wurst

(nach aid, Lebensmittelverarbeitung im Haushalt 2010)

Bequemfaktor Haltbarmachung

Convenience-Produkte sind auch deswegen bequem, weil sie oft länger haltbar sind als natürliche Produkte. Tiefgefrieren, Kühlen, Sterilisieren, Pasteurisieren oder Trocknen sind dabei die üblichen Arten der Haltbarmachung.

Convenience-Produkte: Klassifizierung nach Art der Haltbarmachung

Produktart	Verfahren	Beispiele
Tiefkühlprodukte	Lebensmittel oder komplette Gerichte werden durch rasches Gefrieren und Abkühlen auf mindestens −18 °C haltbar gemacht	Gemüse, Fisch, Fleisch, Fertiggerichte, Pizzen, Teige, Speiseeis
Gekühlte Produkte	Unterschiedliche Verfahren der Haltbarmachung, werden im Kühlregal aufbewahrt.	Milchprodukte, Fertigdesserts aus dem Kühlregal, Wurst, Nudelgerichte und -saucen aus dem Kühlregal, Teig aus dem Kühlregal
Nasskonserven	Sind nach dem Abfüllen in Gläser, Dosen oder Plastikschalen durch Erhitzen konserviert	Fertiggerichte aus der Dose, Dosengemüse, Obstkonserven, Nudelsaucen aus dem Glas oder der Packung, Konfitüre, Würstchen aus dem Glas
Trockenprodukte	Lebensmitteln ist Wasser entzogen	Nudeln, Tütensuppen, Trockensaucen, Puddingpulver, Brühen, Kartoffelpüree, -klöße, Kakaopulver

(nach aid, Lebensmittelverarbeitung im Haushalt 2010)

Kriterien zur Bewertung von Convenience-Produkten

Wie finde ich im Supermarkt angesichts der Regalmeter mit Produkten, die mit bunten Verpackungen und blumigen Werbeversprechen um Aufmerksamkeit buhlen, nur das Richtige? Im Folgenden erfahren Sie, wie Sie die zahlreichen Informationen auf der Verpackung richtig verstehen, wie der Vitamingehalt und die Nährstoffverteilung zu beurteilen sind und ob man mit Convenience-Produkten wirklich Zeit und Geld spart.

Was steht drauf: die Informationen auf der Verpackung

Einen kurzen Blick auf die Verpackung werfen, rein in den Einkaufs-
wagen und schnell weiter – wer im Eiltempo einkaufen muss und
ein möglichst gesundes Produkt auswählen will, hat ein Problem.
Die Angaben auf den Verpackungen sind zwar teilweise sehr um-
fangreich, aber uneinheitlich und verwirrend. Hier geben wir Ihnen
die wichtigsten Infos, um aus den Informationen der Hersteller
möglichst rasch „schlau" zu werden.

Das Zutatenverzeichnis

Für verpackte Lebensmittel ist per Gesetz eine Zutatenliste vorge-
schrieben. Darin werden die Zutaten eines Lebensmittels in absteigender Reihenfolge ihres Gewichtsanteils aufgeführt. An erster
Stelle steht also die Zutat, von der die größte, und an letzter Stelle
die, von der die kleinste Menge zugesetzt wurde. Eine genaue Men-
genangabe (prozentualer Anteil an der Gesamtmenge) muss der
Hersteller nur für bestimmte Zutaten machen, zum Beispiel wenn
es sich um eine „wertbestimmende" Zutat handelt. So müssen in
einem „Himbeerquark" der Himbeeranteil und in einer „Tomaten-
suppe" der Tomatenanteil in Prozent angegeben werden. Bei den
anderen Zutaten lässt sich ihr exakter Anteil nur abschätzen. Eine

Exemplarische Zutatenliste
Kartoffelgratin aus blanchierten Kartoffeln
mit Käse und Bechamelsauce

62 % Kartoffeln, Wasser, pflanzliches Öl, Sauerrahm, 2 % Schmelzkäse
(Käse, Butter, Süßmolkenpulver, Schmelzsalze (Natriumphosphate,
Polyphosphate, Natriumcitrat)), Sahne, Vollmilchpulver, modifizierte
Stärke, Speisesalz, Eigelb, Zucker, Zwiebelpulver, Knoblauch, Gewürze,
Curcumaextrakt, pflanzliches Fett, Milcheiweißerzeugnis, Hefeextrakt,
Maltodextrine, Gewürzextrakte, Glukosesirup, Stabilisatoren (Diphos-
phate, Triphosphate), Verdickungsmittel (Guakernmehl, Xanthan), Emul-
gator (Mono- und Diacetylweinsäureester von Mono- und Diglyceriden
von Speisefettsäuren), Antioxidationsmittel (Ascorbinsäure, Natriumsul-
fit), Säuerungsmittel (Natriumcitrat), Aroma

Faustregel für die Beurteilung von Convenience-Produkten: Je länger die Zutatenliste, umso höher ist in der Regel der Verarbeitungsgrad. Günstig ist, wenn ein Produkt möglichst viel der erwünschten Zutaten enthält, die genannte Suppe also möglichst viele Tomaten, der Milchreis möglichst nur Milch und Reis. Für die Gesundheit ungünstige Zutaten, die z. B. zu viel Fett oder Zucker ins Produkt bringen, sollten möglichst weit hinten stehen.

Der Trick mit dem Zucker

Zucker taucht bei manchen Fertigprodukten auf einem der hinteren Plätze der Zutatenliste auf. Unter gesundheitlichen Aspekten ist das also gut, so könnte man auf den ersten Blick meinen. Auf den zweiten Blick fällt allerdings auf, dass in dem Produkt unterschiedliche Zuckerarten verwendet wurden, die einzeln aufgeführt werden. In Summe ergibt das eine größere Gesamtzuckermenge, als man erwartet hätte. Neben dem normalen Zucker (= Saccharose) gibt es noch viele „Zuckerverwandte", die ebenfalls Kalorien liefern: Glukose oder Dextrose (= Traubenzucker), Glukosesirup (= Traubenzucker und Wasser), Maltose (= Malzzucker), Fructose (= Fruchtzucker) und Lactose (= Milchzucker).

Zusatzstoffe

Ein Blick auf die Zutatenliste zeigt: Ohne Zusatzstoffe kommen vor allem industriell vorverarbeitete Produkte nicht aus. Stoffe wie Aromen, Antioxidationsmittel, Geschmacksverstärker, Emulgatoren, Süßstoffe, Farbstoffe, Konservierungsstoffe oder Verdickungs- und Feuchthaltemittel beeinflussen Eigenschaften wie z. B. die Beschaffenheit, Haltbarkeit und Sensorik von Lebensmitteln/Produkten.

So sind Zusatzstoffe auf dem Zutatenverzeichnis der Verpackung aufgeführt: Die verwendeten Zusatzstoffe müssen im Zutatenverzeichnis mit der Angabe der Funktionsklasse (z. B. Süßungsmittel) und dem Namen (z. B. Mannit) oder der E-Nummer (z. B. E 421) benannt werden, zum Beispiel:

- Verdickungsmittel Xanathan
- Süßungsmittel Mannit
- Konservierungsstoff E 200

Einheitliche Regelung in Europa

In der Europäischen Union sind über 300 Zusatzstoffe zugelassen. Bevor ein Zusatzstoff zugelassen wird, muss dieser ein Zulassungsverfahren durchlaufen und sich einer Sicherheitsbewertung der Europäischen Behörde für Lebensmittelsicherheit (EFSA) unterziehen. Das bedeutet: Alles, was nicht ausdrücklich erlaubt ist, ist verboten. Zurzeit werden alle bislang zugelassenen Zusatzstoffe durch die EFSA neu bewertet.

Die Verbraucherzentralen sehen einige der zugelassenen Zusatzstoffe kritisch, dies gilt insbesondere für empfindliche Menschen, wie z. B. an Asthma, Heuschnupfen und Hautallergien Erkrankte. Lesen Sie mehr zu den Zusatzstoffen in unserem Ratgeber: „Was bedeuten die E-Nummern?"

Nährwertangaben

Ab dem Jahr 2014 müssen auf verpackten Lebensmitteln folgende Nährwertangaben stehen: der Brennwert und die Mengen an Fett, gesättigten Fettsäuren, Kohlenhydraten, Zucker, Eiweiß und Salz. Die Angabe erfolgt in einer Tabelle, bezogen auf 100 g bzw. 100 ml des Lebensmittels. Wo die Nährwerte auf der Packung stehen, kann der Hersteller selbst bestimmen. Zusätzliche Angaben sind erlaubt. Verbindliche Portionsgrößen wird es aber nicht geben.

Bisher werden die Nährwerte in 100 g und/oder pro Portion innerhalb einer Tabelle freiwillig auf dem Produkt angegeben. Zusätzlich finden sich auf einigen Verpackungen Angaben darüber, wie viel Zucker, Fett, gesättigte Fettsäuren und Salz eine Portion dieses Lebensmittels – bezogen auf die Tageszufuhr einer erwachsenen Frau – enthält. Diese Kennzeichnung der Hersteller trägt jedoch oft zur Verwirrung statt zur Aufklärung bei. Die vielen Zahlen, Prozentangaben und Informationen auf der Verpackung sind häufig unübersichtlich und eignen sich nicht unbedingt als alltagstaugliche Einkaufshilfe. Außerdem sind die Portionen oft unrealistisch klein gewählt, sodass das Produkt viel „schlanker" erscheint, als es tatsächlich ist. Da werden als Portion eine halbe Pizza oder gar 100 g einer Gemüselasagne deklariert, bei Müslis oft 30 g (= ca. 2 Esslöffel) kombiniert mit 125 ml (= einer kleinen Kaffeetasse) fettarmer Milch.

Dabei sollte man beachten, dass der zugrunde gelegte Richtwert für die empfohlene Tageszufuhr nicht für alle Menschen, sondern für eine erwachsene Frau gilt. Bei Kindern, Senioren, Männern oder Schwangeren kann er niedriger oder höher liegen.

Wie Sie mithilfe unserer „Ampelcheck-Karte" etwas Licht in den Kennzeichnungsdschungel bringen, lesen Sie auf Seite 56.

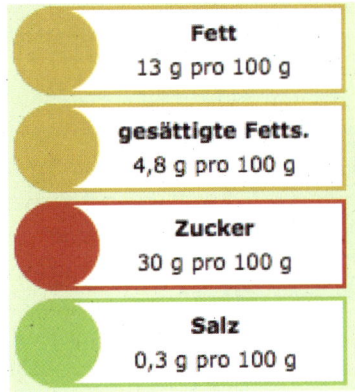

Gütesiegel und Label

Auf Deutschlands Lebensmittelverpackungen geht es bunt zu. Da tummelt sich neben der gesetzlich vorgeschriebenen Kennzeichnung eine Vielzahl an Siegeln, Herkunftszeichen und Symbolen. Welche Voraussetzungen für die Vergabe solcher Label und Prüfzeichen erfüllt sein müssen, ist sehr unterschiedlich. Teilweise gehen die Kriterien nicht über die gesetzlich vorgeschriebenen Merkmale hinaus. Andere wiederum stehen für eine bestimmte Art der Herstellungsweise, zum Beispiel eine biologische. Wir stellen Ihnen die wichtigsten dieser Kennzeichnungen im Kasten „Gütezeichen, Herkunftszeichen und Siegel" vor.

Gütezeichen, Herkunftszeichen und Siegel

- **Regionale Herkunftszeichen:** Es gibt eine Vielzahl von Prüfzeichen, die sich auf die Herkunft der Rohstoffe oder des gesamten Lebensmittels aus einer bestimmten Region Deutschlands beziehen. Ihre Kriterien sind allerdings je nach Zeichen unterschiedlich, sodass eine pauschale Aussage nicht möglich ist. Die Rohstoffe kommen nicht immer alle aus dem genannten Bundesland. Zwar müssen zum Beispiel Kartoffeln mit dem Prüfzeichen „Geprüfte Qualität Thüringen" zu 100 Prozent aus Thüringen stammen; bei verarbeiteten Lebensmitteln, wie etwa Konfitüre, genügen jedoch schon 50,1 Prozent.

- **Fairhandels-Zeichen:** Beim fairen Handel kaufen die Abnehmer direkt vom Erzeuger in den Entwicklungsländern und zahlen einen fairen Preis, der beim Kaffee zum Beispiel deutlich über dem Weltmarktpreis liegt. Außerdem sichern langfristige Abnahmeverträge und die Förderung umweltverträglicher Anbausysteme die Existenz der Kleinbauern. Die Fairhandels-Organisationen garantieren die Einhaltung der strengen Kriterien. Wenn Sie fair gehandelte Produkte kaufen, unterstützen Sie die Einhaltung sozialer Mindeststandards (z. B. Alterssicherung oder Schulausbildung), das Verbot von Kinderarbeit und die Zahlung von Tariflöhnen.

- **MSC-Siegel:** Das Marine Stewardship Council ist eine internationale gemeinnützige Organisation, die sich für eine nachhaltige Fischerei einsetzt, die die Fischbestände und die Meeresumwelt schont. Die Kriterien und das Vergabesystem sind jedem zugänglich und somit transparent. Das MSC-Siegel bietet Ihnen die Möglichkeit, sich bewusst für umweltgerecht gefangenen Fisch zu entscheiden.

- **Deutsches Bio-Siegel:** Es kennzeichnet ökologisch erzeugte Produkte, die in Deutschland verkauft werden. Es kann zusätzlich
zu dem EU-Bio-Logo verwendet werden.
Außerdem gibt es Biosiegel von Anbauverbänden wie Bioland
oder Demeter, die meist noch strengere Richtlinien haben.

- **EU-Bio-Logo:** Seit dem 1. Juli 2010 müssen alle verpackten
Bioprodukte, die innerhalb der EU hergestellt werden, dieses
Zeichen tragen. Es garantiert – ebenso wie das deutsche
Biosiegel – die Einhaltung der EG-Öko-Verordnung, wie
Gentechnikfreiheit, artgerechte Tierhaltung oder Verzicht auf
chemisch-synthetische Pflanzenschutz- und Düngemittel.

- **Das Logo „Ohne Gentechnik"** gibt es seit August 2009 und
steht für eine freiwillige Kennzeichnung, die bei tierischen
Lebensmitteln, wie Fleisch, Eiern oder Milch, genutzt
werden kann, wenn den Tieren keine Genpflanzen gefüttert
wurden. Bei weiterverarbeiteten Lebensmitteln mit diesem
Logo sind Stoffe, die mithilfe von Gentechnik erzeugt wurden,
nicht erlaubt. Ausnahmen gelten für Stoffe, die nicht anders als aus
gentechnischer Herstellung verfügbar und nach EG-Öko-Verordnung zugelassen sind.

Label der Hersteller

Manche Produkte sind mit Hinweisen des Herstellers versehen wie „aus kontrolliertem Anbau". Da der Hersteller und keine unabhängige Prüfstelle über die Kriterien entscheidet, können sich dahinter qualitativ ganz unterschiedlich zu bewertende Inhaltsstoffe oder Herstellungsverfahren verbergen. Wenn Sie hier Genaues wissen möchte, können Sie direkt beim Hersteller nachfragen oder sich im Internet informieren, zum Beispiel in der Datenbank www.label-online.de.

Immer mehr Lebensmittel werben damit, was sie alles nicht enthalten. Diese Aussagen sind sehr kritisch zu hinterfragen. Manchmal werden dort Zusatzstoffe ausgeschlossen, die laut Lebensmittelgesetz ohnehin in dem Produkt nicht enthalten sein dürfen. Der Aufdruck wirbt also mit der Selbstverständlichkeit, dass die gesetzlichen Vorschriften eingehalten werden.

Das Lebensmittel mit dem „Ohne"-Label muss auch nicht unbedingt ärmer an Zusatzstoffen sein als ein vergleichbares Produkt. „Ohne Konservierungsstoffe" bedeutet zum Beispiel nicht, dass das Produkt keine Stoffe mit konservierender Wirkung enthält. Anstelle von Konservierungsstoffen können Antioxidationsmittel oder Säuerungsmittel zugesetzt werden. „Ohne künstliche Aromen" bedeutet keinesfalls, dass der Geschmack nur aus natürlichen Zutaten stammt. Es dürfen zum Beispiel synthetisch hergestellte Aromen zugesetzt werden, die chemisch den natürlichen Aromastoffen gleich sind. Oder die Aromen wurden durch geschmacksverstärkende Zusatzstoffe ersetzt.

Was ist drin: die Inhaltsstoffe der Produkte

Wie gut schneiden Convenience-Produkte unter gesundheitlichen Aspekten ab: Wie ist es um den Vitamingehalt bestellt? Entspricht der Anteil an Fett, Zucker und Salz den Empfehlungen für eine gesunde Ernährung?

Erhaltung von Vitaminen

Generell sind die Verfahren zur Haltbarmachung schonender geworden, sodass mehr Vitamine erhalten bleiben als noch vor einigen Jahren.

Je mehr Verarbeitungsschritte ein Lebensmittel durchläuft, desto eher können auch Verluste des Vitamingehalts und Geschmacksveränderungen auftreten – das gilt allerdings auch für die Verarbeitung von Lebensmitteln im Haushalt. Vor allem eine Erhitzung der Lebensmittel führt zu Verlust an Vitaminen.

Wie sind nun die unterschiedlich haltbar gemachten Produktgruppen in ihrem Vitamingehalt zu bewerten?
Am wenigsten bearbeitet und wärmebehandelt sind **Rohware** und **küchenfertige Lebensmittel.** Einen Verlust an Vitaminen gibt es hier nur durch nicht sachgerechte oder zu lange Lagerung, aber das gilt für Lebensmittel generell. So sollte man zum Beispiel in Beuteln verpackten küchenfertigen Salat aus der Kühltheke besonders gründlich waschen und möglichst rasch verbrauchen, da sich darin rasch Keime entwickeln. Sofort nach der Ernte **tiefgefrorenes Gemüse oder Obst** enthält deutlich mehr Vitamine als frisches, das zu lange im Kühlschrank gelagert wurde.

Ungünstige Nährstoffverteilung: Fett, Zucker, Salz

Zu fett, zu süß, zu salzig – so ist unsere moderne Ernährung leider oft, mit den allseits bekannten Folgen wie Übergewicht und „Zivilisationskrankheiten". Daher sollte man beim Einkauf von Lebensmitteln allgemein darauf achten, dass sie nicht zu viel Fett, Zucker oder Salz enthalten. Doch wie viel davon ist eigentlich optimal bzw. noch tolerabel? Bei Convenience-Produkten finden sich zwar zahlreiche Informationen auf den Verpackungen, doch die verwirren oft mehr, als dass sie rasch und eindeutig informieren (siehe Abschnitt „Die Informationen auf der Verpackung" ⋯⋮ Seite 48).

Einen guten Anhaltspunkt für die Auswahl von Lebensmitteln bietet die Ampelcheck-Karte der Verbraucherzentralen: Sie informiert darüber, wie der Gehalt an den Nährstoffen Fett, ungesättigte Fettsäuren, Zucker und Salz in den Produkten zu bewerten ist.

Die Ampelfarben signalisieren, wie die Nährwertangaben zu bewerten sind: Grün steht für eine geringe Menge des entsprechenden Nährstoffes, Gelb für einen mittleren Gehalt und Rot weist auf einen hohen Anteil hin.

> **! Tipp**
>
> Unter www.ampelcheck.de finden Sie eine Datenbank, in der die Nährstoffe vieler Convenience-Produkte mit der Ampel bewertet werden. Checken Sie doch mal Ihre Lieblingsprodukte!

Seien Sie in Bezug auf die Nährstoffverteilung besonders bei folgenden Produkten kritisch:

- **Fertiggerichte, die als Komplettmahlzeit dienen** sollen – z. B. Fleischgerichte mit Beilagen, Aufläufe, Nudel- und Reisgerichte mit und ohne Fleisch oder Pizzen – enthalten oft zu viel **Fett**. Eine erwachsene Frau sollte z. B. nicht mehr als 60 g Fett pro Tag zu sich nehmen – mit manchem Fertiggericht erreicht sie bereits 50 % davon.   **Fett**
- Auch bei **Gemüsezubereitungen** wie z. B. Rahmspinat oder Pfannengemüse-Mischungen mit Kräuterbutter lohnt sich ein Blick auf den Fettgehalt: Er ist bei Butter- oder Rahmgemüse oft erstaunlich hoch, vor allem, wenn man bedenkt, dass diese Produkte meist als Beilage gegessen werden und oft noch eine oder mehrere fetthaltige Komponenten dazukommen.
- Fettreich sind oft auch **Saucenzubereitungen** (aus dem Glas oder zum Anrühren aus der Tüte), **Feinkostsalate** und **Fertigdesserts**.
- Zu viel **Salz** ist häufig in **Fertiggerichten, Trockensuppen, -würzmischungen und -saucenzubereitungen, Fertigsaucen, Dosengerichten, Fleisch- und Fischerzeugnissen, Käse und Kartoffelprodukten** enthalten. Das ist leider nicht immer zu erkennen: Die Information über den Salzgehalt auf der Zutatenliste ist bisher freiwillig, oft ist statt Salz „Natrium" in der Nährwerttabelle angegeben. Wenn Sie daraus die Salzmenge errechnen möchten, müssen Sie den Natriumgehalt mit 2,5 multiplizieren. Als gering und daher tolerierbar gilt ein Salzgehalt von bis zu 0,3 g pro   *100 g*.   **Salz**

100 g (siehe Abbildung „Ampelcheck-Karte"). Wenn Sie zu den „salzempfindlichen" Menschen gehören, deren Blutdruck bei erhöhter Salzzufuhr steigt, sollten Sie hier besonders aufmerksam hinsehen.

Zucker

- **Zucker** ist reichlich in Brotaufstrichen wie **Konfitüre** oder **Nuss-Nougat-Cremes** und natürlich in **Süßigkeiten** aller Art inklusive der Müsliriegel enthalten – das wird niemanden überraschen. Doch auch **Milchprodukte mit Fruchtzubereitung, Fertigdesserts** und **Saucen** wie Ketchup enthalten oftmals zu viel Zucker.
- Die von den Herstellern oft als gesund angepriesenen **Müslis** und **Frühstückscerealien** haben häufig eine ungünstige Nährstoffverteilung: Im Supermarktregal ein Produkt mit wenig Zucker (bis zu 5 g) zu finden, ist schwierig, Produkte mit mittlerem Zuckergehalt haben Seltenheitswert. Günstig ist, wenn der Zucker nur aus Trockenfrüchten stammt und kein zusätzlicher Zucker zugefügt wurde.

Bioprodukte – die besseren Fertigprodukte?

Backmischungen, Tiefkühlpizzen, Feinkostsalate – fast jedes Fertigprodukt ist heute auch in einer Biovariante erhältlich. Man sollte allerdings nicht dem Trugschluss erliegen, „Bio = gesund". Der Gemüsegehalt einer Biotütensuppe muss nicht automatisch größer sein als der eines konventionellen Produkts. Und auch hinsichtlich der Nährstoffzusammensetzung gibt es bei Bioware bessere und schlechtere Produkte. Doch folgende Unterschiede kann man gegenüber konventionellen Fertigprodukten positiv hervorheben:

- Von den über 300 zugelassenen Zusatzstoffen dürfen bei Bioprodukten nur knapp 50 verwendet werden.
- Verboten in Bioprodukten sind sämtliche Süßstoffe und Stabilisatoren sowie synthetische Farbstoffe, Konservierungsmittel und Geschmacksverstärker.
- Kein Einsatz von chemisch-synthetischen Pflanzenschutzmitteln und leicht lösbaren mineralischen Düngemitteln.

- Gentechnisch veränderte Organismen (z. B. Reifungskulturen für Käse) dürfen nicht eingesetzt werden.
- Weitgehender Verzicht auf Antibiotika.

Sind Convenience-Produkte preiswert?

Nein, ganz im Gegenteil: Eine aktuelle Studie der Verbraucherzentrale Hamburg (September 2011) ergab, dass Fertigprodukte deutlich teurer sind als die selbst gemachten Varianten. So müssen Sie beispielsweise für eine Fertigpizza oder ein belegtes Baguette aus der Tiefkühltruhe doppelt so viel Geld bezahlen wie für das selbst hergestellte Gericht. Weitere Beispiele aus dieser Studie finden Sie im Anhang auf Seite 197.

Dazu kommt, dass vielen Fertigprodukten Geschmacksverstärker, Aromen und Zusatzstoffe zugefügt wurden. Beim Selberkochen kann man stattdessen mehr gesunde Zutaten wie Gemüse oder Kräuter zufügen – ohne dass das Essen einen Cent teurer wird!

Generell Geld sparen können Sie außerdem durch einen Einkauf nach Saison oder beim Bauern vor Ort. Sonderangebote können Sie auch dazu nutzen, Ihre eigenen Convenience-Produkte herzustellen: Kochen Sie gleich die doppelte Menge und frieren Sie die Hälfte ein.

Sparen Convenience-Produkte Zeit?

Keine Frage – das komplette Hauptgericht mit Fleisch, Gemüse und Kartoffelbeilage aus der Menüschale, das Pfannengericht oder die Pizza aus der Tiefkühltruhe oder der Eintopf aus der Dose, die nur erwärmt werden müssen, sind in puncto Geschwindigkeit und geringem Aufwand unschlagbar. Auch verzehrfertige Produkte wie abgepackte Kuchen, Desserts oder Salate aus dem Kühlregal wird niemand im Handumdrehen frisch zaubern können. Zudem fallen für den Abwasch und das Aufräumen deutlich weniger Zeit an als beim Selberkochen.

Bei anderen Produkten hingegen muss man wieder einmal differenzieren. Beispiel Tiefkühlgerichte: Zeitsparend ist zweifellos tiefgekühltes Gemüse, verglichen mit frischem. Lohnt es sich deswegen aber, Gemüsezubereitungen zu kaufen, in denen auch bereits Gewürze, oft auch Fett oder Sahne, enthalten sind? Hier könnte man auch „Gemüse pur" verwenden und lieber selber etwas Sahne, (TK-)Kräuter, Salz und Pfeffer zufügen – der Zeitaufwand ist unwesentlich größer und man kann so den Fett- und Salzanteil und nicht zuletzt den Geschmack selbst beeinflussen.

Eine Mahlzeit ausschließlich aus „Fertigprodukten pur" überzeugt außerdem vom Geschmack her häufig nicht. Daher kann es eine sinnvolle Alternative sein, Convenience-Produkte mit schnell Selbstgemachtem zu kombinieren. Lassen Sie die Fantasie spielen und bauen Sie frische Komponenten in Ihre Mahlzeit ein. Ein Beispiel: Gnocchi oder Tortellini selbst herzustellen ist relativ aufwendig. Kaufen Sie diese Produkte aus dem Kühlregal, sind diese nach wenigen Minuten Garzeit fertig. Dazu gäbe es eine Fertigsauce zum Aufwärmen. Doch es gibt auch schnelle Alternativen, die während der Kochzeit selbst gemacht werden können, zum Beispiel:

- In etwas Öl angedünstete Tomatenstücke, abgeschmeckt mit Kapern oder Oliven und Kräutern
- Einige Esslöffel Ricotta, gewürzt mit Salz, Pfeffer und Kräutern und einige Pinienkerne zum Bestreuen
- In Olivenöl erwärmte Sardellen, abgeschmeckt mit durchgepresstem oder klein gehacktem Knoblauch

Bei Produkten wie Salatsaucen aus der Tüte, die nur noch mit anderen Lebensmitteln angerührt oder kombiniert werden müssen, können Sie den scheinbaren Zeitvorteil ausgleichen, wenn Sie Ihre individuelle, selbst angerührte Salatsauce in mehrfacher Menge zubereiten und sich in den folgenden Tagen aus diesem Vorrat einfach bedienen.

5
Fixfaktor Kochen

Auf einen Blick: Die wichtigsten Tipps zum schnellen Kochen

• Sorgen Sie für einen guten Arbeitsfluss: Lesen Sie das Rezept ganz durch, stellen Sie alle benötigten Zutaten und Küchengeräte bereit, erledigen Sie gleichartige Arbeiten hintereinander, nutzen Sie Garzeiten zum Aufräumen.

• Mit Übung und Erfahrung im Kochen geht es mit der Zeit immer schneller. Kochen Sie zunächst Lieblingsgerichte öfter, erweitern Sie dann Ihr Repertoire.

Jetzt geht es ans Kochen! Nachdem Sie über zeitsparendes Einkaufen, Bevorraten und gutes Auswählen der Lebensmittel informiert sind, kann es losgehen. Die Tipps in diesem Kapitel sollen dafür sorgen, dass Ihnen das Kochen zügig von der Hand geht.

Zunächst geben wir organisatorische Tipps zum Kochen, die für alle noch nicht so erfahrenen Köchinnen und Köche interessant sind. Es folgen Ratschläge, die auf bestimmte Lebenssituationen (z. B. Familien, Berufstätige, Singles) oder Anlässe (z. B. Feiern und Einladungen) zugeschnitten sind.

Guter Arbeitsfluss

Wer kennt das nicht: Die Nudeln sind perfekt al dente, nur der Sauce fehlt noch der Pfiff, doch wo ist das Chilipulver? Nach hektischem Suchen im Vorratsschrank ist die Sauce gewürzt, doch die Nudeln sind matschig. Damit Sie ein Rezept in der angegebenen Zeit möglichst stressfrei und mit vollem Erfolg zubereiten können, empfehlen wir folgende **Tipps**:

• Lesen Sie das Rezept ganz durch, bevor Sie starten. Ist die Reihenfolge der Arbeitsschritte optimal oder sollten Sie etwas ändern?

- Müssen Sie daran denken, rechtzeitig Wasser aufzusetzen?
- Stellen Sie alle benötigten Zutaten und Arbeitsgeräte bereit – die Betonung liegt auf „alle": Lieber noch eine zweite Packung Milch, wenn die erste vielleicht nicht ausreicht, lieber noch andere Kräuter zur Auswahl, wenn Sie die Sauce kreativ abschmecken möchten.
- Stellen Sie auch die Küchenwaage und gegebenenfalls einen Messbecher auf die Arbeitsfläche. Je nach Rezept wiegen Sie die Zutaten ab, bevor Sie starten, oder machen das nebenher beim Vorbereiten (indem Sie z. B. eine Schüssel auf die Waage stellen und die geschälten Kartoffeln direkt hineingeben).
- Erledigen Sie gleichartige Arbeiten hintereinander, z. B. waschen Sie das gesamte Gemüse und schneiden es dann klein, statt dies für jede Sorte separat zu tun.
- Bewährt hat sich folgender Arbeitsfluss: Auf der Arbeitsfläche die Speisen vorbereiten (z. B. klein schneiden), dann auf dem Herd zubereiten (neben dem Herd können die Gewürze platziert werden), dann gegebenenfalls in der Spüle abgießen und anrichten. Rechtshänder erledigen dies am besten im Gegenuhrzeigersinn, Linkshänder umgekehrt – darauf sollten Sie bei der Küchenplanung achten.
- Nutzen Sie „Zeitfenster", in denen nicht viel zu tun ist, z. B. nur das Garen überwacht werden muss, zum Aufräumen: Werfen Sie Küchenabfälle in den Mülleimer, räumen Sie nicht mehr benötigtes Geschirr in die Spülmaschine.
- Töpfe, Pfannen und Auflauf- und Backformen gleich nach der Verwendung in warmem Wasser einweichen, das spart beim anschließenden Spülen Zeit.

Kochkenntnisse und Übung

Es leuchtet ein, dass Handgriffe schneller gehen, die man schon x-mal ausgeführt hat. Fix beim ersten Mal ist es in der Regel nicht, wenn Sie zu den eher Ungeübten zählen: Bauen Sie Ihr Repertoire mit wenigen einfachen Gerichten auf, die Ihnen allerdings auch besonders gut schmecken sollten. Wählen Sie zum Beispiel ein Nudelgericht, eine Suppe, ein Fleischgericht und eine Salatsauce aus. Wenn Sie diese Rezepte in den nächsten Wochen öfter zubereiten, werden Sie sicher Ihr Tempo steigern – und die Gerichte werden besser gelingen. Dann ist es Zeit, neue Rezepte auszuprobieren, damit keine Langeweile aufkommt.

Möchten Sie Ihre Fertigkeiten weiterentwickeln, versuchen Sie Schritt für Schritt, verschiedene Zubereitungstechniken kennenzulernen, z. B. bei Fleisch: Panieren und Kurzbraten, Geschnetzeltes, Schmorgericht und Braten im Ofen zubereiten.

Clever essen mit Fertiggerichten

Manchmal muss es einfach nur schnell gehen, Sie haben überhaupt keine Zeit zum Kochen oder unwiderstehliche Lust auf Ihre Lieblings-Fertigpizza. Sie können diese natürlich „pur" essen: Packung auf, rein in den Ofen oder Topf, rauf auf den Teller. Doch Halt! Mit ein paar kleinen, garantiert nicht zeitaufwendigen Ergänzungen können Sie die Fertigmahlzeit aufpeppen und sie aromatischer und gesünder machen. Vorschläge dafür finden Sie in der Tabelle „Fertiggerichte verfeinern".

Haben Sie keine Lust auf Veränderung des Fertiggerichts und trotzdem das Bedürfnis, es etwas gesünder zu machen? Dann nutzen Sie die Zeit, die es in Mikrowelle, Topf oder Backofen verbringt, etwas Rohkost zum Dazu-Knabbern oder Obst für den Nachtisch vorzubereiten. Oder Sie pressen sich einen frischen Orangensaft.

Fertiggerichte verfeinern

Produkt	Variieren durch
Müslimischung	Mit Haferflocken oder Nüssen mischen Frisches Obst ins Müsli schneiden
Fruchtjoghurt	Mit Naturjoghurt mischen; frisches Obst untermischen
Fertigdessert aus dem Kühlregal	Je nach Produkt mit etwas Magerquark, fettarmem Naturjoghurt oder ungezuckertem Obst mischen
Milchreis oder Grießbrei aus der Tüte oder aus dem Kühlregal	Mit ungezuckertem Obst (z. B. tiefgefrorenen Beeren) mischen
TK-Pfannengerichte	Dazu passendes TK-Gemüse mit kurzer Garzeit (z. B. Möhrenraspel, Pilze, Lauch, Paprikastreifen) oder frische Sprossen mitgaren Mit (TK-)Kräutern oder Kresse vom Beet bestreuen
TK-Pizza	Zusätzlich mit dünn geschnittenem frischen Gemüse (z. B. Tomaten, Paprika, Zucchini) oder tiefgefrorenem Gemüse (z. B. Pilze, Paprika) belegen; mit eingelegten Artischocken oder Oliven belegen; mit TK-Kräutern bestreuen
Fertigsaucen auf Tomatenbasis (z. B. zu Grillgerichten oder Nudeln)	Mit gehackten Tomaten (Konserve) mischen und mit (TK-)Kräutern abschmecken
Fertigsaucen auf Sahnebasis (z. B. zu Pasta)	Mit (TK-)Kräutern abschmecken und mit Milch verlängern
Kalte Fertigsaucen mit Mayonnaise	Mit Naturjoghurt mischen und je nach Geschmacksrichtung mit frischem Knoblauch, Currypulver oder Kräutern abschmecken
Kräuterquark oder Frischkäse aus dem Kühlregal	Mit Magerquark mischen und mit frischen Kräutern wie Schnittlauch oder Petersilie abschmecken
Zaziki aus dem Kühlregal	Mit Naturjoghurt mischen und etwas geraspelte Gurke unterrühren
Feinkostsalate aus dem Kühlregal	Je nach Sorte mit etwas Gemüse oder Obst anreichern, z. B. Geflügelsalat mit Mandarinenstücken, Krabbensalat mit Eisbergsalat-Streifen, Kartoffelsalat mit Frühlingszwiebel-Ringen
Tütensuppen	Im Gericht bereits enthaltenes Gemüse zufügen und mitgaren Mit (TK-)Kräutern, Kresse vom Beet bestreuen
Dosensuppen	Mit (TK-)Kräutern, Kresse vom Beet bestreuen
Kartoffelsuppe oder gebundene Gemüsesuppe	Eine fein geriebene Kartoffel oder Möhre mitgaren Mit gehackten Nüssen bestreuen

Tipps für verschiedene Lebenslagen

Ob Familienmutter oder -vater, Berufstätige, Studierende oder Singles – je nach Lebenssituation können ganz unterschiedliche Tipps hilfreich sein, um den Alltag noch besser zu organisieren. Und unabhängig davon laden die meisten gerne Familie und Freunde zum Essen ein. Daher finden Sie zum Abschluss des Ratgeberteils noch auf Lebenssituationen und Anlässe zugeschnittene Vorschläge.

Familien mit Kindern

Die Familie will sich gesund ernähren – und allen schmecken soll es auch. Dieser scheinbar so selbstverständliche Anspruch ist heute nicht so leicht erfüllbar – angesichts der viel zitierten „Doppelbelastung", die zwischen Berufstätigkeit, Haushaltsorganisation und Kinderbetreuung (und oftmals noch mehr) zu bewältigen ist.

Gute Organisation erleichtert das Leben

Gerade, wenn ständig wenig Zeit ist, erleichtern Routinen und Checklisten den Alltag: Sie geben Ihnen das Gefühl, die Organisation des Haushalts im Griff zu haben, und machen Ihren Kopf frei für wichtigere Dinge. Daher sind vor allem für Familienmanager/-innen die Listen für Essensplanung (⋯⟩ Seite 16), Einkauf (⋯⟩ Seite 20) und Vorratshaltung (⋯⟩ Seite 23) sehr zu empfehlen. Weitere Tipps für die Organisation des Ernährungsalltags:

- Der Speiseplan soll abwechslungsreich sein, Sie müssen aber nicht wöchentlich neue Rezeptideen aus dem Hut zaubern. Planen Sie Lieblingsgerichte der Kinder, die leicht zuzubereiten sind, regelmäßig ein – Ihre Kinder werden Ihnen sagen, wenn sie die Spaghetti satthaben. Diese Gerichte kochen Sie schnell und nach einiger Zeit ohne einen Blick ins Rezept.

- Alle helfen mit, kein „Hotel Mama": Gemeinsam ist der Tisch schneller gedeckt und die Spülmaschine ein- und ausgeräumt.
- Ein entspannterer Start in den Tag ist möglich, wenn der Tisch fürs Frühstück schon am Abend zuvor gedeckt, gleich Wasser in die Kaffeemaschine gefüllt wird und die Brotdosen fürs Pausenfrühstück bereitstehen.
- Das Frühstück ist gerade für Kinder wichtig, um Energie und Konzentration für den Schulvormittag zu liefern. Und ein gesundes Frühstück muss nicht aufwendig sein: Ein – möglichst zuckerarmes und vollkornreiches – Müsli mit Milchprodukten oder Vollkornbrot mit – nicht zu fettreichem und süßem – Belag nach Geschmack, dazu noch etwas Obst, fertig ist das ernährungsphysiologisch ausreichende Frühstück. Wenn Sie nach neuen Anregungen suchen, werden Sie im Rezeptteil ab Seite 75 fündig. Kinder, die morgens noch überhaupt nichts essen mögen, sollten wenigstens etwas trinken, zum Beispiel eine warme Milch mit etwas Kakao oder Tee mit Honig. Diese Kinder brauchen dann unbedingt ein kräftiges zweites Frühstück – von unseren Vorschlägen fürs Frühstück zum Mitnehmen (⋯⋗ Seite 90ff.) darf's dann schon mal die doppelte Menge sein.
- In den nächsten Wochen steht besonders viel an, sei es viel Arbeit im Job, Klassenarbeiten oder Unternehmungen? Planen Sie besonders viele schnelle Gerichte ein, wenn's sein muss, auch mal Fertiggerichte (die Sie mit den Tipps von Seite 65 aufpeppen können). An manchen Tagen bleibt nur Zeit für kalte Küche? Kaufen Sie Vollkornbrot oder zuckerarmes Müsli und sorgen Sie als Ausgleich für Vitamine durch Obst, Rohkost und frisch gepresste Fruchtsäfte. Beruhigen Sie Ihr Gewissen: Das ist garantiert gesünder als fettreiche Fast-Food-Snacks wie Burger mit Pommes oder Pizzen.
- An Tagen, an denen mehr Zeit ist, sollte man die Kinder zum Mitkochen auffordern. Um ihnen den Spaß am Kochen zu erhalten, sollten kleinere Kinder zunächst Aufgaben übernehmen, die sie gut meistern und die Spaß machen, z. B. eine Pizza belegen oder einen Pfannkuchenteig verrühren. Nebenbei lernen sie so, welche Zutaten die Gerichte enthalten. Anstelle lästiger Pflicht kann das Kochen so zu gemeinsam verbrachter „Qualitätszeit"

werden, in der man zusammen Spaß hat und eine gemeinsame
Aufgabe bewältigt.

- Die Geschmäcker sind sehr unterschiedlich? Ein Kind isst als Gemüse nur Möhren, das andere ausschließlich Rahmspinat – also
entweder für jeden eine „Extrawurst" kochen oder, um Protest-
geschrei zu vermeiden, am besten gleich auf Gemüse verzichten? Die erste Möglichkeit sorgt für noch mehr Aufwand beim
Kochen, die zweite ist auf Dauer ungesund. Unser Vorschlag:
Jedes Lieblingsgemüse steht regelmäßig auf dem Tisch, aber alle
müssen zumindest einen Löffel davon essen. Viele Abneigungen
beruhen auf Vorurteilen und durch „steten Tropfen" ist der Geschmack der Kinder durchaus beeinflussbar. Natürlich sollte
andererseits akzeptiert werden, wenn bestimmte Gerichte von
Kindern abgelehnt werden – doch allzu einseitig sollte die Ernährung nicht sein. Oft hilft es auch, die ungeliebte Zutat einmal
in ganz anderer Form anzubieten, z. B. den Spinat in eine Teig-
tasche zu verpacken oder das Gemüse püriert in der Tomaten-
sauce zu „verstecken".

Berufstätige und Studierende

Auch für Berufstätige und Studierende gilt: Gut vorgeplant, kommen Sie stressfreier durch die Woche (⋯⋗ Seite 13ff.).

- Gerade Berufstätige müssen oft dann einkaufen, wenn auch alle
anderen unterwegs sind. Wenn Sie das stresst: Finden Sie Alternativen, nutzen Sie z. B. mal eine Mittagspause zum Einkaufen
oder gehen Sie in der Woche frühmorgens in den Supermarkt
oder auf den Wochenmarkt, anstatt den Samstagvormittag dafür
zu verwenden.
- Ein gesundes Frühstück für den guten Start in den Tag sollte
selbstverständlich sein und braucht nicht viel Zeit (unsere Rezeptvorschläge ⋯⋗ Seite 77ff.) – dann widerstehen Sie auch
den verführerisch duftenden, aber meist nicht gerade gesunden
Snacks, die auf dem Weg zur Arbeit möglicherweise lauern.

- Viel Arbeit oder Ärger mit den Kollegen? Versuchen Sie mal, statt Schokoriegel als Zwischenmahlzeit lieber einen der Snacks von Seite 84ff. zu essen. Als „erste Hilfe" gegen Heißhungerattacken helfen ein Apfel oder eine Banane.
- Das Kantinen- bzw. Mensaessen schmeckt Ihnen und ist zudem gesund und abwechslungsreich? Dann spricht nichts gegen regelmäßige Mahlzeiten in der Kantine oder Mensa. Wer häufig auf Snacks von Fast-Food-Ketten, vom Imbisswagen, Metzger oder Bäcker zurückgreift, ist sich sicher dessen bewusst: Das Essen teilt leider mit vielen Fertigprodukten die bekannten Nachteile: zu viel, zu fett, zu süß, zu salzig. Natürlich muss man auch hier differenzieren: Ein Döner aus gutem Fleisch ist z. B. eine ausgewogene, nicht zu fette Mahlzeit. Auch gegen ein Sandwich mit magerem Schinken, Salat und ein wenig Cocktailsauce ist nichts einzuwenden.
- Die Alternative: Bringen Sie sich von zu Hause öfter etwas Selbstgemachtes mit (Rezepte ⋯⟩ Seite 90ff.). Dafür eignen sich alle Gerichte, die den Transport und die Lagerung gut überstehen.
- Wenn Sie eine Mikrowelle am Arbeitsplatz zur Verfügung haben, ist z. B. ein ernährungsphysiologisch ausgewogenes Tiefkühl-Fertiggericht die bessere Alternative zu Pommes oder Burgern.
- Soll es abends kalte Küche oder etwas Warmes geben? Der Aufwand für ein warmes Gericht ist nicht zwangsläufig größer als beispielsweise für einen Salat oder ein Brot mit Rohkost. Vielleicht tut es Ihnen, gerade wenn Sie häufig in der Kantine oder Mensa essen, trotzdem gut, abends noch etwas selbst zu kochen? Probieren Sie einfach eines der Rezepte ab Seite 135 aus.

Singles

- Sie kochen wenig frisch, weil sich der Aufwand nicht lohnt? Dabei gibt es durchaus Gerichte, die für die rasche Zubereitung in kleinen Mengen besser geeignet sind als andere. Dazu gehören frische Salate aller Art, Pasta und Pfannengerichte. Im Rezeptteil finden Sie einige davon (⋯⟩ Seite 102ff.), die Mengenangaben lassen sich problemlos verringern.

- Sie essen gern Schmorgerichte wie Gulasch oder Rouladen oder Eintöpfe und Suppen? Diese eignen sich besonders gut, in größerer Menge vorgekocht und eingefroren zu werden. Auch bei Frikadellen oder gefüllten Teigtaschen lohnt sich die Produktion einer größeren Menge, denn der Überschuss kann prima eingefroren werden („Einfrieren und Auftauen" ⋯> Seite 31).
- Auch Salate aus Zutaten, die zunächst gekocht werden müssen – wie Kartoffeln, Nudeln oder Reis –, sind für eine Person aufwendig. Hier bietet sich das Prinzip „1 x kochen, 2 x essen" an: Am Montag kochen Sie zum Beispiel die doppelte Menge Pellkartoffeln, am Dienstag bereiten Sie einen Kartoffelsalat zu.

Schnelles Kochen für besondere Anlässe

Freunde zum Essen einzuladen oder eine größere Party vorzubereiten macht viel Spaß, bedeutet aber gleichzeitig oft einige Tage Vorbereitung, die im schon randvollen Alltag unterzubringen sind.

Leider ist auch das Tischlein-deck-dich immer noch nicht erfunden – es sei denn, Sie bezahlen dafür und beauftragen einen Partyservice. Die folgenden Tipps sollen helfen, den Aufwand zu begrenzen:

- Vermeiden Sie Stress vor der Feier durch rechtzeitige Planung. Wählen Sie die Rezepte aus, machen Sie eine Einkaufsliste, gegliedert nach Einkaufsorten. Müssen Sie etwas vorbestellen, z. B. Fleisch, Brötchen oder Baguette? Machen Sie dann einen Zeitplan und verteilen Sie die Arbeitsschritte auf die Tage vor der Feier.
- Planen Sie möglichst viele Gerichte ein, die man im Voraus vorbereiten kann. Dafür geeignete Gerichte aus diesem Buch finden Sie in der Übersicht „Leckeres für die Fete – gut vorzubereiten"

(···⟩ Seite 72). Hektik ist vorprogrammiert, wenn Sie zu viel unmittelbar vor der Feier zubereiten müssen.

- Bei großen Feten ist die Vorbereitung allein nicht zu schaffen. Die einfachste und preiswerteste Lösung ist das Überraschungsbuffet. Jeder Gast bringt etwas zu essen mit, in der Regel ist das bewährtes und leckeres Fix Food. Wenn Sie ein zusammengewürfeltes Sammelsurium befürchten, steuern Sie, was jede und jeder mitbringen soll. Damit vermeiden Sie, dass sich gleich drei Nudelsalate auf dem Buffet einfinden.

- Wer nicht das ganze Essen bei einem Partyservice bestellen möchte, kann dort die aufwendigeren Dinge ordern, z. B. verschiedene Vorspeisen und Salate. Für die übrigen Dinge sorgt man selbst, zum Beispiel ein Ofengericht als Hauptgang und zwei Desserts. So halten sich sowohl Kosten als auch Aufwand in Grenzen.

- Viele Gerichte, die gerade bei Feten beliebt sind, kann man in guter Qualität fertig kaufen, zum Beispiel diverse Vorspeisen von einem griechischen oder türkischen Lebensmittelstand, kleine Tiefkühlpizzen zum Aperitif, deftigen Wurst- oder Kartoffelsalat vom Metzger – es muss nicht alles selber gemacht werden.

- Unaufwendig ist auch eine Wurst-, Schinken- oder Käseplatte, die Sie mit etwas Obst und Rohkost dekorieren können.

- Anstelle von Obstsalat kann man auch Obst in einer großen Schale oder Etagère schön anrichten.

- Als Hauptgericht bei größeren Feiern bieten sich ein Eintopf oder ein Ofengericht an – sie lassen sich gut vorbereiten und in größerer Menge herstellen. Als Beilage genügt dazu Brot oder ein Salat.

- Es ist unaufwendiger, von einem Gericht eine doppelte Menge zuzubereiten, als zwei unterschiedliche Speisen zu kochen. Sorgen Sie mit wenig Aufwand für Abwechslung: Stellen Sie z. B. zu einer großen Schüssel Blattsalat zwei verschiedene Dressings und noch Nüsse, Kresse und andere Zutaten bereit. Zaubern Sie durch andere Kräuter und Gewürze in einem Arbeitsgang zwei verschiedene Sorten Kräuterbutter. Bereiten Sie die doppelte Menge Rührkuchenteig vor und variieren Sie die Hälfte mit Kirschen und einer Schokoglasur und die andere mit Nüssen.

Leckeres für die Fete – gut vorzubereiten

Die folgenden Gerichte aus dem Rezeptteil dieses Buches eignen sich besonders gut für Einladungen: Die Mengen lassen sich problemlos verdoppeln und die Gerichte können im Voraus vorbereitet werden.

Vorspeisen
Alle Rezepte des Kapitels „Fixes Fingerfood"
(┈┈▸ Seite 126–134)

Vorspeisensalate
Melone mit Garnelensalat, Fenchel-Carpaccio mit Bresaola, Salat mit grünen und roten Bohnen, Getreide-Salat mit Pfirsich und Paprika, Fruchtiger Käse-Salat, Gemüsesalat „Rapidissimo", Eiersalat, Rohkost mit zweierlei Dips, Chicorée-Rohkost
(┈┈▸ Seite 112–120)

Salate fürs kalte Buffet
Blattsalat mit Mais und Putenbrust, Gemischter Blattsalat mit Forellenpüree, Schneller Linsensalat, Grüner Nudelsalat, Würstchen-Apfel-Salat, Curry-Kichererbsen-Salat, Couscous-Gemüse-Salat
(┈┈▸ Seite 105–111)

Hauptgerichte
Minestrone, Penne-Gratin mit Schinken und Spargel, Hack-Quark-Bällchen vom Blech, Chili-Hähnchen, Fischpäckchen mit Pasta, Gemüse-Lachs-Curry, Zwiebel-Schinken-Pizza, Porree-Blechkuchen, Pizza Margherita
(┈┈▸ Seite 138–185)

Desserts
Himbeercreme, Zitronenquarkcreme, Vanille-Pfirsich-Schichtspeise, Bunter Obstsalat
(┈┈▸ Seite 190–195)

6

Fixe
Rezeptideen

Abkürzungen	
EL	Esslöffel
TL	Teelöffel
g	Gramm
l	Liter
Msp.	Messerspitze
ml	Milliliter
F. i. Tr.	Fett in Trockenmasse
Pk.	Päckchen
TK	Tiefkühl
geh.	gehäuft
getr.	getrocknet
kl.	klein

Fix zum Frühstück

In diesem Kapitel werden Sie fündig, wenn Sie nach neuen Ideen für das Frühstück oder eine Zwischenmahlzeit suchen. Alle Gerichte benötigen höchstens 10 Minuten Zubereitungszeit.

Heidelbeer-Porridge

8 gehäufte EL	zarte Haferflocken
400 ml	Milch, fettarm
1 Prise	Jodsalz
2 EL	Zucker oder Honig
250 g	Heidelbeeren

Für 2 Portionen
als Frühstück

1. Die Haferflocken mit der Milch und Salz aufkochen, von der Herdplatte nehmen und zugedeckt 3–4 Minuten stehen lassen.
2. In zwei tiefe Teller füllen, Zucker oder Honig und Heidelbeeren darübergeben und servieren.

Speed-Tipp:

Füllen Sie die Milch schon am Vorabend mit Salz und Zucker in einen kleinen Topf, den Sie im Kühlschrank bereitstellen, und messen Sie die Haferflocken ab.

⋮ Tipp

Gehören Sie zu den Menschen, die morgens lieber etwas Warmes essen anstatt Müsli mit kalter Milch? Dann ist solch ein Porridge ideal für Sie – und der Zeitaufwand ist nicht höher als für ein kaltes Frühstück.

Knuspermüsli mit Trockenobst

250 g	Joghurt, fettarm
2 TL	Zitronensaft
100 g	getrocknetes Obst (z. B. Äpfel, Birnen oder Aprikosen)
100 g	Knuspermüsli

Für 2 Portionen
als Frühstück

1. Den Joghurt mit dem Zitronensaft verrühren.
2. Das Trockenobst evtl. klein schneiden, mit dem Müsli mischen und zusammen mit dem Joghurt anrichten.

Mandarinen-Frischkäse-Müsli

4	Mandarinen
250 g	körniger Frischkäse (oder Magerquark)
2 EL	Sanddorn-Fruchtsauce
80 g	Müsli
1 EL	Mandelblättchen

Für 2 Portionen
als Frühstück

1. Die Mandarinen schälen und in Spalten zerlegen.
2. Den Frischkäse mit der Sanddorn-Fruchtsauce verrühren, die Mandarinen unterheben.
3. Die Mischung auf Müslischälchen verteilen und mit Müsli und Mandelblättchen bestreut anrichten.

Tipp

Sanddorn enthält viel Vitamin C und hat einen ganz eigenen, leicht herben Geschmack. Wer ihn nicht mag, kann stattdessen Orangensaft verwenden.

Exoten-Winter-Müsli

8 EL	Vollkorn-Haferflocken (80 g)
1 EL	Zucker oder Honig
200 g	Dickmilch oder Joghurt, fettarm
1	Banane
2	Kiwis
1	Orange
6	Haselnüsse, gehackt

Für 2 Portionen
als Frühstück

1. Die Haferflocken mit dem Zucker oder Honig mischen.
2. Die Früchte schälen, die Banane und die Kiwi in Scheiben schneiden. Die Orange in Spalten zerlegen, diese nach Wunsch halbieren.
3. Die Früchte auf 2 Müslischalen verteilen. Die Haferflocken unter die Dickmilch rühren und über die Früchte geben. Die Haselnüsse hacken und das Müsli damit bestreuen.

Quark-Früchte-Toast

1	kleine Banane
1 TL	Zitronensaft
125 g	Magerquark
4 Scheiben	Vollkorntoast
4	Erdbeeren (oder andere Früchte nach Saison)
1 EL	flüssiger Honig
1 EL	Sesamsaat

Für 2 Portionen
als Frühstück

1. Die Banane mit einer Gabel zerdrücken, mit Zitronensaft und Quark verrühren.
2. Die Toastscheiben goldgelb toasten und mit dem Bananenquark bestreichen.
3. Die Erdbeeren in Scheiben schneiden und dekorativ auf dem Toast anrichten. Mit Honig beträufeln und mit Sesam bestreuen.

Fruchtige Käsebrötchen

2	Vollkornbrötchen
2 TL	Butter oder Margarine
2 Scheiben	Schnittkäse nach Geschmack (z. B. Gouda, Edamer)
100 g	Obst nach Saison (z. B. ½ kleiner Apfel und 1 Mandarine, einige Erdbeeren oder Weintrauben)

Für 2 Portionen als Frühstück

1. Die Brötchen halbieren und die Hälften mit der Butter oder Margarine bestreichen und mit dem Käse belegen.
2. Das Obst waschen und in Spalten schneiden. Eine Brötchenhälfte mit Apfelspalten, die zweite mit einer anderen Obstsorte belegen.

Bananenbrötchen

2	Vollkornbrötchen
6 EL	Magerquark
2 TL	Kakaopulver
2	Bananen

Für 2 Portionen
als Frühstück

Tipp

Vollkornbrötchen auf Vorrat einfrieren und 1 Stunde vor dem Frühstück aus der Tiefkühltruhe nehmen.

1. Die Brötchen halbieren und die Hälften mit dem Quark bestreichen. Mit Kakaopulver bestäuben.
2. Die Bananen in dünne Scheiben schneiden und die Stücke dachziegelartig auf den Brötchenhälften verteilen.

Rührei mit Toast

2	Eier
4 EL	Milch, fettarm
	Jodsalz, Pfeffer aus der Mühle
	Paprikapulver edelsüß
2 Scheiben	gekochter Schinken
½ Pk.	TK-Schnittlauch
1 TL	Butter oder Margarine
4 Scheiben	Mehrkorntoast

Für 2 Portionen
als Frühstück

1. Die Eier mit der Milch verquirlen und mit Salz, Pfeffer und Paprikapulver würzen. Den Schinken in Streifen schneiden.
2. Die Butter oder Margarine in einer Pfanne erhitzen und die Eimasse darin leicht stocken lassen. Die Schinkenstreifen

und die Schnittlauchröllchen untermischen und das Rührei fertig garen.
3. Inzwischen die Toastscheiben goldgelb rösten. Den Toast diagonal halbieren und zum Rührei servieren.

Variation:
Das Rührei statt Kochschinken mit 50 g geriebenem Käse, z. B. Emmentaler, oder 50 g Räucherlachs zubereiten.

Ei-Gemüse-Brote

2	Scheiben Vollkornbrot
1 EL	Frischkäse, Doppelrahmstufe (40 g)
2	hart gekochte Eier
1/3	Salatgurke
4	Radieschen
2 EL	TK-Schnittlauch

Für 2 Portionen
als Frühstück

1. Die Brote mit dem Frischkäse bestreichen. Die Eier in Scheiben schneiden, die Gurke und die Radieschen ebenfalls in Scheiben schneiden.
2. Die Brote abwechselnd mit Ei-, Gurken- und Radieschenscheiben belegen und mit Schnittlauch bestreut anrichten.

Tipp

Wenn Sie den Belag auf 2 Vollkornbrötchen verteilen, eignet sich das Frühstück auch zum Mitnehmen.
Kochen Sie die Eier schon am Vortag – am besten eine etwas größere Menge, die Sie dann in den nächsten Tagen für eine andere Mahlzeit verwenden (z. B. für den „Eiersalat" oder den Gemüsesalat „Rapidissimo").

Kirsch-Schichtspeise

1 Scheibe	Pumpernickel
	Zimt nach Geschmack
½ EL	Zucker oder Honig
250 g	Magerquark
½ Pk.	Vanillezucker
2 EL	Mineralwasser
200 g	Kirschen (oder anderes Obst nach Saison)

Für 2 Portionen
als Zwischenmahlzeit

1. Den Pumpernickel zerbröseln und mit Zimt und Zucker oder Honig mischen.
2. Den Quark mit dem Vanillezucker und dem Mineralwasser cremig rühren.
3. Die Kirschen entsteinen und auf 2 Dessertschälchen verteilen. Den Quark darübergeben und mit den Pumpernickelbröseln bestreuen.

Tipp

Mit Sauerkirschen aus dem Glas geht es noch schneller.

Tipp

Vanillezucker kann selbst hergestellt werden:
1. Zuerst 1 Vanilleschote längs aufschneiden und das Mark herauskratzen.
2. 250 g Zucker mit dem Vanillemark mischen.
3. Den mit dem Vanillemark gemischten Zucker und die ausgekratzte Vanilleschote in ein Glas geben und fest verschließen.
4. Jetzt ist warten angesagt, denn der Zucker braucht gut eine Woche, bis er das Vanillearoma vollständig aufgenommen hat.

Frucht-Joghurt

200 g	Naturjoghurt
200 g	Quark
2 TL	abgeriebene Schale von 1 Biozitrone
250 g	Beeren (z. B. Erdbeeren, Heidelbeeren oder Himbeeren; ersatzweise aufgetaute TK-Beeren)
	Zimtpulver

Für 2 Portionen
als Zwischenmahlzeit

1. Joghurt und Quark mit der Zitronenschale verrühren, die Beeren unterheben und auf 2 Dessertschälchen verteilen.
2. Mit etwas Zimt bestreut servieren.

Tipp

Desserts und Milchprodukte mit Fruchtzubereitung – also beispielsweise Milchreis, Grießbrei, Puddings, Fruchtjoghurt oder -quark – sind praktisch, enthalten aber oft viel Zucker. Kombinieren Sie diese Produkte mit frischem Obst oder mischen Sie sie mit Naturjoghurt oder Magerquark. Sie werden merken: Der Geschmack ist immer noch süß genug und zudem frischer und natürlicher.

Früchte-Quarkspeise

125 g	Magerquark
125 g	Birnen-Fruchtjoghurt
1	Birne
4	Kekse nach Wahl

Für 2 Portionen
als Zwischenmahlzeit

1. Den Quark mit dem Fruchtjoghurt verrühren. Die Birne fein würfeln und unter die Quarkmischung rühren.
2. Den Quark mit den Keksen in 2 Dessertschälchen anrichten.

Variation:

Selbstverständlich können Sie die Quarkspeise mit jedem Fruchtjoghurt zubereiten. Wählen Sie dann das frische (oder ersatzweise tiefgekühlte) Obst passend dazu aus.

Buttermich-Beeren-Mix mit Sorbet

250 g	TK-Beerenmischung, angetaut
500 ml	Buttermilch
1 EL	Puderzucker
1 Pk.	Vanillezucker
1 TL	Zitronensaft
2 Kugeln	Fruchtsorbet (z. B. Johannisbeere oder Zitrone)

Für 2 Portionen
als Zwischenmahlzeit

1. Die Beeren mit Buttermilch, Puderzucker, Vanillezucker und Zitronensaft in einem Mixer oder mit dem Pürierstab fein pürieren.
2. Das Fruchtsorbet auf 2 große Gläser verteilen, mit der Beerenmilch aufgießen und sofort servieren.

Bananen-Power-Mix

2	reife Bananen
200 ml	Milch, fettarm
2 EL	zarte Haferflocken (10 g)
1 Pk.	Vanillezucker

Für 2 Portionen
als Zwischenmahlzeit

1. Die Bananen in Stücke schneiden und zusammen mit den übrigen Zutaten im Mixer oder mit einem Pürierstab pürieren.
2. Auf 2 Gläser verteilen und servieren.

Tipp

In diesem Rezept können Sie gut bereits sehr reife und weiche Bananen verwerten. Sie schmecken besser, wenn Sie noch einen Spritzer Zitronensaft dazugeben.

Früchte-Vitamin-Mix

200 ml	Orangensaft
1	Banane
300 g	TK-Beeren, z. B. Himbeeren
2 TL	Apfeldicksaft (oder flüssiger Honig)

Für 2 Portionen
als Zwischenmahlzeit

1. Die Banane in Stücke schneiden.
2. Orangensaft, Banane, tiefgefrorene Beeren und Apfeldicksaft im Mixer oder mit einem Pürierstab pürieren. Das Getränk auf 2 Gläser verteilen.

Fruchtiger Buttermilch-Drink

je 100 ml	Orangensaft und Apfelsaft
200 ml	Buttermilch
2 TL	gemahlene Haselnüsse (oder Mandeln)
100 g	Erdbeeren

Für 2 Portionen
als Zwischenmahlzeit

1. Den Saft mit der Buttermilch und den Haselnüssen verrühren und auf 2 Gläser verteilen.
2. Die Erdbeeren in Stücke schneiden und dazugeben. Die
Drinks mit Joghurtlöffeln mit langem Stiel servieren.

Nussiger Bananenshake

1	Banane
2 EL	gemahlene Haselnüsse oder Mandeln
200 ml	Sojamilch oder andere Milch nach Wahl (fettarme Frischmilch oder Dickmilch)
	zerstoßenes Eis

Für 2 Portionen
als Zwischenmahlzeit

1. Banane klein schneiden, mit gemahlenen Nüssen oder
Mandeln, Milch und Eiswürfeln in einem Mixer pürieren.
2. In 2 Gläser geben und servieren.

Tipp

In solch einem Drink können Sie bestens beim Backen
übrig gebliebene gemahlene Nüsse oder Mandeln verwerten.

Fix zum Mitnehmen

Hier finden sich Zwischenmahlzeiten und Mittagessen zum Mitnehmen. Die Frühstücksvorschläge eignen sich vor allem für Schulkinder – es spricht aber nichts dagegen, sie auch für ein Picknick oder für die Arbeit einzupacken.

Pikante Brotspieße

2 Scheiben	Vollkornbrot oder Pumpernickel
1 EL	Frischkäse, Doppelrahmstufe
50 g	Schnittkäse nach Geschmack
	(z. B. Gouda, Bergkäse)
½	Paprika (ca. 100 g)
4	Kirschtomaten

Für 1–2 Portionen als
zweites Frühstück
(2 Spieße)

1. Eine Brotscheibe mit dem Frischkäse bestreichen, die zweite Scheibe darauflegen und das Brot in Quadrate schneiden.
2. Den Schnittkäse würfeln, die Paprikaschote in Stücke schneiden. Brot, Käse, Paprika und Tomaten abwechselnd auf 2 Holzspieße stecken.

Tipp

Die Spieße eignen sich als zweites Frühstück für ein oder zwei Kinder und fürs Büro, je nach Appetit. Ergänzt um 1 Wiener Würstchen und Obst, ergeben sie eine kalte Mittagsmahlzeit.

Süße Brotspieße

1 Scheibe	Vollkornbrot oder Pumpernickel	Für 1 Portion als
	etwas Butter oder Margarine	zweites Frühstück
1 TL	Honig oder Nussmus	(4 kleine Spieße)
4	Trauben oder Erdbeeren	

1. Die Brotscheibe halbieren und eine Hälfte mit der Butter oder Margarine, die andere mit dem Honig oder Nussmus bestreichen. Das Brot zusammenklappen und in 8 Quadrate schneiden.
2. Je 2 Brotquadrate mit 1 Stück Obst auf einen kleinen Holzspieß stecken.

Variation:

Außerhalb der Saison für Trauben oder Erdbeeren können Sie die Spieße auch mit Apfelspalten, Bananenscheiben oder Mandarinenscheibchen zubereiten. Äpfel und Bananen sollten Sie mit etwas Zitrone beträufeln, damit sie nicht braun werden.

Pausenbrötchen

1	Vollkornbrötchen	Für 1 Portion als
1 TL	Butter oder Margarine	zweites Frühstück
1 Scheibe	Schnittkäse nach Geschmack	
	(z. B. Gouda, Tilsiter oder	
	Bergkäse) (30 g)	
2	Radieschen	
	einige Salatgurkenscheiben	

1. Das Brötchen halbieren, mit der Butter oder Margarine bestreichen und mit dem Käse belegen.
2. Die Radieschen in Scheiben schneiden und das Brötchen mit Radieschen- und Gurkenscheiben belegen.

Möhren-Quark-Stange

1	Laugen- oder Vollkornstange
1	kleine Möhre
2–3 EL	Magerquark
1 Spritzer	Mineralwasser
½ TL	flüssiger Honig
	Jodsalz, Pfeffer aus der Mühle

Für 1 Portion als zweites Frühstück

1. Die Laugen- oder Vollkornstange halbieren. Die Möhre fein raspeln. Möhrenraspel mit Quark, Mineralwasser, Honig, Jodsalz und Pfeffer verrühren.
2. Den Möhrenquark auf die untere Stangenhälfte streichen und die obere Hälfte daraufsetzen.

Trauben-Quark-Müsli

1 EL	gemahlene Mandeln
1 EL	zarte Haferflocken
1 EL	Sanddorn-Fruchtsauce
	(ersatzweise flüssiger Honig)
125 g	Magerquark
100 g	kernlose Trauben
2 EL	Knuspermüsli

Für 1 Portion als
zweites Frühstück

1. Die Mandeln und die Haferflocken mit der Sanddorn-Fruchtsauce unter den Quark rühren. Die Trauben halbieren und unterheben.
2. Den Quark zum Mitnehmen in einen kleinen Frühstücksbehälter geben und mit Müsli bestreuen.

Kräuterdip mit Rohkost

2 EL	Frischkäse mit Kräutern
100 g	Magerquark
1 TL	TK-Kräuter nach Wahl
	Jodsalz, Pfeffer aus der Mühle
1	Möhre
1 Stange	Staudensellerie
1 Stück	Salatgurke

Für 1 Portion als
zweites Frühstück

1. Den Frischkäse mit dem Quark und den Kräutern verrühren, mit Salz und Pfeffer abschmecken. Zum Mitnehmen in einen kleinen Frühstücksbehälter geben.
2. Das Gemüse in schmale Streifen schneiden und ebenfalls in einer Frühstücksbox verpacken.

Bananen-Power-Snack

100 g	Magerquark
2 EL	Joghurt, fettarm
1 EL	zarte Haferflocken
1	kleine Banane
1 EL	Raspelschokolade

Für 1 Portion als
zweites Frühstück

1. Den Quark mit dem Joghurt cremig rühren. Die Haferflocken unterrühren.
2. Die Banane in dünne Scheiben schneiden und zusammen mit den Schokoraspeln (ein paar zum Garnieren zurückbehalten) unterheben. Zum Mitnehmen in eine kleine Frühstücksdose geben und mit den restlichen Schokoraspeln bestreuen.

Tipp

Der Bananen-Snack schmeckt nicht nur Süßschnäbeln unter den Schulkindern, sondern auch Erwachsenen: Wer bei Stress im Beruf regelmäßig zum Schokoriegel greift und sich darüber ärgert, sollte es einmal mit diesem Snack versuchen: Er befriedigt auf gesunde Weise den Süßhunger und sättigt länger.

Mozzarella-Brötchen

4	Vollkornbrötchen
4 TL	Pesto
8 Blätter	Eisbergsalat
125 g	Mozzarella
12	Kirschtomaten

Für 2 Portionen
als Mittagessen

1. Die Brötchen halbieren und die unteren Hälften jeweils mit etwas Pesto bestreichen und mit je 1 Salatblatt belegen.
2. Den Mozzarella in dünne Scheiben schneiden und auf die Brötchen legen, das Pesto darüberträufeln. Die Tomaten halbieren und auf den Käse legen. Die übrigen Salatblätter und die oberen Brötchenhälften darauflegen.
3. Zum Mitnehmen mit einer Serviette umwickeln und in eine Brotdose legen.

Garnelen-Brötchen

4	Roggenbrötchen
4 TL	weiche Butter oder Margarine
8	Radieschen
4	Salatblätter
300 g	gegarte Garnelen in Salzlake (aus dem Kühlregal)
150 g	Joghurt, fettarm
1 EL	Salatmayonnaise (aus dem Glas) Kräutersalz, Chilipulver oder Currypulver nach Geschmack

Für 2 Portionen
als Mittagessen

1. Die Brötchen halbieren und die Hälften dünn mit Butter oder Margarine bestreichen. Die Radieschen in Scheiben schneiden und die unteren Hälften mit Salatblättern und Radieschen belegen.

. Die Garnelen in einem Sieb abspülen und gut abtropfen lassen. Den Joghurt mit der Mayonnaise und den Gewürzen verrühren, mit den Garnelen mischen und auf die Brötchen verteilen. Die oberen Brötchenhälften daraufsetzen.

. Zum Mitnehmen mit einer Serviette umwickeln und in eine Brotdose legen.

Forellen-Baguette

4	Tomaten	Für 2 Portionen
1	Handvoll Rucola (ca. 20 g)	als Mittagessen
2	Baguettebrötchen	
4 EL	Salatmayonnaise (aus dem Glas)	
125 g	Räucherforelle (aus dem Kühlregal)	
	Pfeffer aus der Mühle	

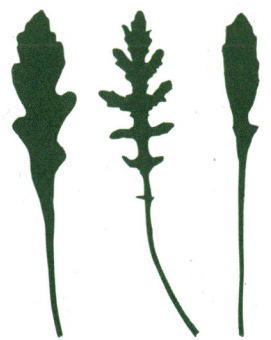

1. Die Tomaten in Scheiben schneiden, vom Rucola die Stiele abschneiden. Die Brötchen aufschneiden und mit der Salatmayonnaise bestreichen. Die Tomaten auf die unteren Hälften legen.
2. Die Forellenfilets mit einer Gabel zerpflücken. Auf die Brötchenhälften legen und mit Pfeffer würzen. Den Rucola darauf verteilen und die oberen Brötchenhälften daraufsetzen.
3. Zum Mitnehmen mit einer Serviette umwickeln und in eine Brotdose legen.

Putenbrust-Brot

150 g	gegarte Putenbrust (aus dem Kühlregal)
4	Scheiben Vollkornbrot
4 TL	Butter
2	Salatblätter
2 TL	Crème fraîche
1	Pfirsich

Für 2 Portionen
als Mittagessen

1. Die Brotscheiben mit der Butter bestreichen. Je 2 Scheiben mit den Salatblättern und den Putenbruststücken belegen.
2. Je 1 Teelöffel Crème fraîche daraufgeben. Den Pfirsich in Spalten schneiden und auf die belegten Scheiben legen. Mit den beiden übrigen Brotscheiben bedecken. Diagonal durchschneiden und zum Mitnehmen in eine Brotdose legen.

Waldorf-Salat

2	kleine Äpfel
1 Stange	Staudensellerie
3	Möhren (etwa 300 g geputzt gewogen)
1 EL	Zitronensaft
200 g	saure Sahne (10 % Fett)
2 TL	flüssiger Honig
	Jodsalz, Pfeffer aus der Mühle
2 EL	TK-Petersilie
30 g	Haselnusskerne, gehackt
2	Vollkornbrötchen

Für 2 Portionen
als Mittagessen

1. Die Äpfel vierteln und entkernen, den Sellerie und die Möhren putzen. Äpfel und Möhren grob raspeln, den Sellerie in dünne Scheiben schneiden. In eine Schüssel geben und sofort mit dem Zitronensaft mischen.
2. Die saure Sahne mit Honig, Salz, Pfeffer und Petersilie verrühren. Die Sauce unter die Salatzutaten ziehen.
3. Den Salat zum Mitnehmen in 2 verschließbare Gefäße geben und mit den Haselnüssen bestreuen. Dazu die Vollkornbrötchen essen.

Tomaten-Schafskäse-Salat

4	große Tomaten
100 g	Schafskäse
40 g	Oliven
	Vinaigrette ⸱⸱⸱> Seite 103
	einige Basilikum- oder Minzeblättchen
2	Mehrkornbrötchen

Für 2 Portionen als Mittagessen

1. Die Tomaten in Spalten schneiden. Den Schafskäse würfeln. Die Oliven abtropfen lassen. Die Zutaten mischen.
2. Ein Grundrezept Vinaigrette zubereiten und die Hälfte davon unter die vorbereiteten Zutaten heben. Den Salat auf verschließbare Gefäße verteilen und mit den Kräuterblättern bestreuen. Dazu die Mehrkornbrötchen essen.

Tipp

Blitzschnell ist der Salat fertig, wenn Sie die Vinaigrette bereits in größerer Menge zubereitet haben (Tipps zur Aufbewahrung ⸱⸱⸱> Seite 103) und nur noch mit den Salatzutaten mischen müssen.

Mediterraner Tortellonisalat

250 g	Tortelloni mit Ricottafüllung (aus dem Kühlregal)
	Jodsalz
2 EL	Balsamicoessig
2 TL	getr. italienische Kräuter-mischung
	Pfeffer aus der Mühle
2 EL	Olivenöl
250 g	Kirschtomaten
2 EL	TK-Petersilie
1 EL	frisch gehobelter Parmesan (15 g)

Für 2 Portionen
als Mittagessen

1. Die Tortelloni nach Packungsanleitung in Salzwasser garen. In ein Sieb abgießen und kalt abschrecken.
2. Aus Balsamicoessig, getrockneten Kräutern, Salz, Pfeffer und Olivenöl eine Vinaigrette rühren und mit den Tortelloni mischen.
3. Die Kirschtomaten halbieren und mit der Petersilie unter den Salat heben. Den Salat zum Mitnehmen auf verschließbare Gefäße verteilen und mit dem gehobelten Parmesan bestreuen.

Fenchel-Apfel-Salat

40 g	gestiftelte Mandeln
1	Fenchelknolle (150 g)
1	Apfel
1 EL	Rosinen
1	Bio-Orange
150 g	Kefir, teilentrahmt (1,5 % Fett)
1 Prise	Zucker
	Jodsalz, Pfeffer aus der Mühle
2 EL	TK-Petersilie
2	Vollkornbrötchen

Für 2 Portionen
als Mittagessen

1. Die Mandeln in einer Pfanne ohne Fett rösten.
2. Die Fenchelknolle halbieren, den Strunk herausschneiden und den Fenchel in dünne Scheiben schneiden.
   Den Apfel in Spalten schneiden. Fenchel, Apfel und Rosinen miteinander mischen.
3. Die Orange gut heiß waschen. Von der Orange die Hälfte der Schale abraspeln und beiseitestellen. Die Orangenschale mitsamt der weißen Haut mit einem Messer abschneiden und die Filets mit den Salatzutaten mischen.
4. Aus Kefir, Orangenschale, Zucker, Pfeffer und Salz ein Dressing rühren und unter den Salat heben.
5. Zum Mitnehmen auf 2 verschließbare Gefäße verteilen und mit Petersilie und Mandelstiften garnieren.

Dazu die Vollkornbrötchen essen.

Fixe kalte Mahlzeiten

Die abwechslungsreichen kalten Gerichte dieses Kapitels sind als Hauptmahlzeit sowohl für das Mittag- als auch das Abendessen geeignet.

Grundrezept Vinaigrette

1 Msp.	scharfer Senf (z. B. Dijon-Senf)
½ TL	flüssiger Honig
	Jodsalz, Pfeffer aus der Mühle
1 EL	Weißweinessig
3 EL	Rapsöl

Für 2 Portionen

1. Den Senf mit Honig, Jodsalz und Pfeffer gründlich verrühren. Dann den Essig unterrühren.
2. Das Öl nach und nach mit einem Schneebesen unterschlagen.

Variation:
Verwenden Sie eine andere Ölsorte, z. B. Oliven- oder Walnussöl. Fügen Sie noch eine fein gehackte Schalotte oder Knoblauchzehe und gehackte Kräuter hinzu.

Speed-Tipp:

Alle Zutaten in ein Schraubglas geben und eine Minute kräftig schütteln.

Tipp

Die Sauce passt zu allen Salatsorten. Bereiten Sie gleich eine größere Menge zu und bewahren Sie die Sauce in einem Schraubdeckel-Glas im Kühlschrank auf. Sie hält mindestens eine Woche.

Gurkensalat mit Joghurtsauce

150 g	Joghurt, fettarm
2 TL	Zitronensaft
	Jodsalz, Pfeffer aus der Mühle
2 EL	gehackter Dill
1	Salatgurke

Für 2 Portionen

1. Den Joghurt mit Zitronensaft, Salz und Pfeffer glatt rühren. Die Kräuter unterheben.
2. Die Gurke schälen oder mit der Schale in feine Scheiben hobeln. In einem Sieb leicht ausdrücken, in eine Salatschüssel geben und die Sauce unterheben.

Variation:

Je nach Geschmack und übrigen Zutaten kann die Joghurtsauce auch mit anderen Kräutern zubereitet werden. Sie passt zu Rohkost- und Blattsalaten sowie zu Eier-, Fleisch- und Meeresfrüchtesalaten.
Verwenden Sie die doppelte Menge Joghurt, raspeln Sie die Gurke und drücken Sie die Flüssigkeit in einem Sieb aus. Die Gurke zusammen mit 2 durchgepressten Knoblauchzehen unterheben – fertig ist das Zaziki.

Blattsalat mit Mais und Putenbrust

200 g	knackige Salatblätter (z. B. Eisberg, Endivie, Chinakohl)
1	Frühlingszwiebel
1	Dose Mais (285 g Abtropfgewicht)
100 g	geräucherte Putenbrust, am Stück oder geschnitten (oder Reste vom Putenbraten oder gekochter Schinken)
150 g	Joghurt, fettarm
1½ TL	Dijon-Senf
35 g	milder Blauschimmelkäse (z. B. Cambozola oder Bavaria blu)
	Jodsalz, Pfeffer aus der Mühle

Für 2 Portionen

1. Die Salatblätter waschen, trocken schleudern und in Streifen schneiden. Die Frühlingszwiebel in Ringe schneiden. Den Mais in einem Sieb abtropfen lassen. Die Putenbrust in Würfel oder Streifen schneiden. Die Salatzutaten in einer Schüssel mischen.
2. Für das Dressing den Joghurt mit dem Senf verrühren, den Blauschimmelkäse mit einer Gabel zerdrücken und unterrühren. Das Dressing mit Salz und Pfeffer abschmecken und unter die Salatzutaten heben.

Gemischter Blattsalat mit Forellenpüree

Für 2 Portionen

125 g	geräuchertes Forellenfilet (oder Räucherlachs)
2 EL	Magerquark
1 EL	Crème fraîche
1 EL	Zitronensaft
½ TL	mittelscharfer Senf
	Jodsalz, Pfeffer aus der Mühle
1 Msp.	scharfer Senf (z. B. Dijon-Senf)
½ TL	flüssiger Honig
1 EL	Weißweinessig
2 EL	Rapsöl
½ Beutel	gemischte Blattsalate (200 g)
6–8	Kirschtomaten

1. Die Forelle ggf. häuten und alle Gräten entfernen, das Fleisch zerpflücken und pürieren.
2. Zusammen mit Quark, Crème fraîche, Zitronensaft und Senf zu einem glatten Püree rühren. Mit Salz und Pfeffer abschmecken.
3. Für die Vinaigrette den Senf mit dem Honig, Salz und Pfeffer verrühren. Den Essig unterrühren und das Öl nach und nach unterschlagen. Den Blattsalat gründlich waschen und trocken schleudern. Die Vinaigrette unter den Salat heben.
4. Den Salat und die Kirschtomaten auf Tellern verteilen und das Forellenpüree mit einem Esslöffel als Nocken abstechen und daneben anrichten.

Dazu Baguette servieren.

Tipp

Salate in Beuteln sind praktisch und zeitsparend – denken Sie aber daran, dass sich darin rasch Keime entwickeln. Daher ist es ratsam, die Produkte so schnell wie möglich zu verbrauchen und – obwohl sie laut Packungsangabe „verzehrfertig" vorbereitet sind – gründlich zu waschen.

Schneller Linsensalat

2	kleine, gekochte Kartoffeln (Pell- oder Salzkartoffeln) oder die gleiche Menge Bratkartoffeln
1	Tomate
125 g	kalter Braten, Putenbrust oder gekochter Schinken
200 g	braune Linsen (aus der Dose; abgetropft gewogen)
1	kleine Zwiebel
1 TL	scharfer Senf
1 EL	Weißweinessig
1 TL	gemischte TK-Gartenkräuter
2 EL	Rapsöl
	Jodsalz, Pfeffer aus der Mühle

(plus 2 Stunden Zeit zum Durchziehen)

Für 2 Portionen

1. Die Kartoffeln in kleine Würfel schneiden. Die Tomate halbieren, vom Stielansatz befreien, entkernen und ebenfalls klein würfeln. Den kalten Braten in Streifen schneiden. Alles in einer Schüssel mit den Linsen mischen.
2. Die Zwiebel sehr fein hacken, mit Senf, Essig und Kräutern verrühren, das Öl unterschlagen und die Sauce unter die Zutaten in der Schüssel heben. Den Salat mit Salz und Pfeffer abschmecken und mindestens 2 Stunden durchziehen lassen.

Tipp

Der Salat eignet sich als Resteverwertung für gekochte oder Bratkartoffeln. Die Kartoffeln können auch weggelassen werden, dann mehr Linsen verwenden.

Grüner Nudelsalat

125 g	Tortellini (mit Käsefüllung)
	Jodsalz
300 g	TK-Erbsen
40 g	Salatmayonnaise (aus dem Glas)
100 g	Joghurt, fettarm
50 ml	Milch, fettarm
1 EL	heller Essig (z. B. Balsamico, Weißweinessig)
½ Pk.	TK-Gartenkräuter
½ Pk.	TK-Schnittlauch
	Pfeffer aus der Mühle

(plus 1 Stunde Zeit zum Durchziehen)

Für 2 Portionen

1. Die Nudeln in reichlich Salzwasser bissfest kochen, während der letzten 4 Minuten der Garzeit die Erbsen zufügen. Abgießen und kalt abschrecken.
2. Während der Garzeit die Mayonnaise mit dem Joghurt, der Milch und dem Essig verrühren. Die Kräuter unterheben und die Sauce mit Salz und Pfeffer abschmecken.
3. Nudeln und Erbsen mit der Sauce mischen und den Salat mindestens 1 Stunde durchziehen lassen.

Tipp

Der Salat eignet sich auch bestens als Partygericht oder für ein Picknick, da er im Voraus zubereitet werden kann und durch längeres Durchziehen noch besser schmeckt.

Würstchen-Apfel-Salat

2	Wiener Würstchen (à 50 g)
1	großer, säuerlicher Apfel
4	Frühlingszwiebeln
1 Bund	Radieschen (100 g)
50 g	Salatmayonnaise (aus dem Glas)
100 g	Joghurt, fettarm
½ TL	Senf
	Jodsalz, Pfeffer aus der Mühle
1 EL	TK-Schnittlauch
2	Roggenbrötchen

Für 2 Portionen

1. Die Würstchen in Scheiben schneiden, den Apfel in schmale Spalten schneiden. Die Frühlingszwiebel schräg in mundgerechte Stücke schneiden. Die Radieschen vierteln. Die Salatzutaten in einer Salatschüssel mischen.
2. Salatmayonnaise, Joghurt, Senf, Salz und Pfeffer verrühren und das Schnittlauch unterheben. Das Dressing ggf. mit Salz und Pfeffer abschmecken und unter den Salat heben. Die Brötchen dazu reichen.

Tipp

Auch dieser Salat bleibt längere Zeit schön knackig. Er eignet sich daher auch als Mittagessen zum Mitnehmen oder für ein Picknick.

Curry-Kichererbsen-Salat

200 g	gegarte Kichererbsen (Abtropfgewicht; aus der Dose)
1	große Möhre
25 g	Sonnenblumenkerne
1	rote Zwiebel
1	Bund Rucola (50 g)
1 TL	Madras-Currypulver (scharf)
½ TL	Olivenöl
2–3 Stängel	Koriander
1 geh. EL	Salatmayonnaise (aus dem Glas)
1 geh. EL	Joghurt, fettarm
	Saft von ½ Limette
	Salz, Cayennepfeffer
20 g	Rosinen
	frisch gehackter Koriander zum Bestreuen (nach Belieben)

Für 2 Portionen

1. Die Kichererbsen in einem Sieb abgießen. Die Möhre schälen und in dünne Scheiben schneiden.
2. Die Sonnenblumenkerne hacken und in einer beschichteten Pfanne rösten. Die Zwiebel pellen und in feine Streifen schneiden. Den Rucola waschen, trocknen und die Stiele entfernen.
3. In einer beschichteten Pfanne Currypulver im Olivenöl kurz anschwitzen (Achtung, verbrennt leicht). Koriander waschen, trocknen und fein hacken.
4. Joghurt und Mayonnaise, angeschwitztes Currypulver, Koriander und Limettensaft verrühren. Mit Salz und Pfeffer abschmecken. Kichererbsen-Möhren-Mischung zugeben und vermischen. Walnüsse, Zwiebel, Rucola und Rosinen locker unterheben. Nach Belieben mit frisch gehacktem Koriander bestreuen.

Couscous-Gemüse-Salat

75 g	Instant-Couscous
	Jodsalz
½ Dose	Mais (142 g Abtropfgewicht)
2	kleine Kopfsalatherzen oder
	1 Kopfsalat
125 g	Kirschtomaten
½	Avocado
60 ml	Tomatensaft
1½ EL	Zitronensaft
	Jodsalz, Pfeffer aus der Mühle
	Chilipulver
½ Bund	Petersilie
1 EL	Rapsöl

Für 2 Portionen

1. Den Couscous mit 90 ml heißem Wasser überbrühen, etwas Salz hinzufügen und etwa 10 Minuten ausquellen lassen.
2. Den Mais abtropfen lassen. Die Kopfsalatherzen in Streifen schneiden, die Kirschtomaten halbieren. Die Avocado halbieren und eine Hälfte in Streifen schneiden. In einer Salatschüssel alles vorsichtig miteinander mischen.
3. Den Tomatensaft mit dem Zitronensaft, Salz, Pfeffer und Chilipulver verrühren. Das Öl mit einem Schneebesen unterschlagen. Die Petersilie von den Stielen zupfen.
4. Den Couscous mit einer Gabel auflockern und zu den Salatzutaten geben. Die Sauce unter den Salat heben und mit Petersilie bestreut servieren. Dazu schmeckt Fladenbrot.

Tipp

Die andere Avocadohälfte kann für einen Avocado-Dip (⋯⟩ Seite 119) verwendet werden. Der übrige Mais ergibt zusammen mit etwas Salatmayonnaise, TK-Schnittlauch, Salz und Pfeffer einen schnellen Brotaufstrich.

Melone mit Garnelensalat

1	Galia-Melone
	(etwa 300 g Fruchtfleisch)
150 g	gegarte Garnelen in Salzlake
	(aus dem Kühlregal)
1 kl. Dose	Mandarinen
	(Abtropfgewicht 175 g)
1 kl. Staude	Chicorée
50 g	Salatmayonnaise (aus dem Glas)
75 g	Joghurt, fettarm
1 TL	Zitronensaft
	Jodsalz, Pfeffer aus der Mühle
1 TL	gemischte TK-Kräuter

Für 2 Portionen

1. Die Melone heiß waschen, halbieren, entkernen, das Fruchtfleisch mit einem Kugelausstecher herauslösen und in eine Schüssel geben. Von den Melonenhälften unten eine Kappe abschneiden, sodass sie gut stehen. Auf Tellern beiseitestellen.
2. Die Garnelen und die Mandarinen abtropfen lassen und zu den Melonenkugeln geben. Den Chicorée vom Strunk befreien, in Streifen schneiden und ebenfalls hinzufügen. Alle Zutaten vorsichtig durchmischen.
3. Für das Dressing Mayonnaise, Joghurt, Zitronensaft, Salz und Pfeffer verrühren. Das Dressing unter die Salatzutaten heben. Den Salat auf die Melonenhälften verteilen und mit Kräutern bestreut servieren.

Dazu Vollkorntoast servieren.

Fenchel-Carpaccio mit Bresaola

1	große Fenchelknolle
1 TL	Zitronensaft
1 TL	Olivenöl
	Jodsalz, Pfeffer aus der Mühle
100 g	blaue Weintrauben
50 g	Bresaolascheiben (magerer ital. Rinderschinken)
50 g	Gorgonzola
75 g	Joghurt, fettarm
	einige Zweige glatte Petersilie

Für 2 Portionen

1. Die Fenchelknolle in hauchdünne Scheiben schneiden und auf 2 große Teller legen. Mit Zitronensaft und Olivenöl beträufeln, leicht salzen und pfeffern.
2. Die Weintrauben halbieren, nach Wunsch entkernen und auf dem Fenchel verteilen. Die Bresaolascheiben zu Rosetten falten und in der Mitte der Teller anrichten.
3. Den Gorgonzola mit dem Joghurt verrühren und auf dem Fenchel verteilen. Mit Petersilienblättchen bestreuen und servieren.

Dazu passt ein Ciabatta.

Variation:
Die Bresaolascheiben können Sie auch durch Bündner Fleisch oder luftgetrockneten Schinken nach Wahl ersetzen.

Salat mit grünen und roten Bohnen

Für 2 Portionen

200 g	tiefgekühlte grüne Bohnen
	Jodsalz
½ Dose	Kidneybohnen
	(ca. 120 g Abtropfgewicht)
1 rote	Zwiebel
100 g	Champignons
25 g	Schinkenwürfel
1 Msp.	Senf
	Jodsalz, Pfeffer aus der Mühle
3 TL	Rotweinessig
2 EL	Rapsöl
½ Pk.	TK-Schnittlauch

1. Die grünen Bohnen in Salzwasser in etwa 10 Minuten garen, dann in ein Sieb abgießen und kalt abschrecken.
2. Die Kidneybohnen abtropfen lassen und mit den grünen Bohnen in einer Salatschüssel mischen. Die Zwiebel schälen, in Ringe schneiden und untermischen. Die Champignons in Scheiben schneiden.
3. Die Schinkenwürfel in einer Pfanne anbraten und die Champignons zufügen. So lange dünsten, bis die Flüssigkeit der Pilze verdampft ist. Schinkenwürfel und Champignons zum Salat geben.
4. Den Senf mit Salz und Pfeffer verrühren, den Essig unterrühren. Das Öl unterschlagen und die Sauce unter den Salat heben. Mit Schnittlauch bestreut servieren.

Getreide-Salat mit Pfirsich und Paprika

Für 2 Portionen

50 g	Joghurt, fettarm
2 EL	Limettensaft
1 EL	frischer Ingwer, fein gewürfelt
1 TL	Currypulver
	Jodsalz, Pfeffer aus der Mühle
2 TL	Olivenöl
125 g	vorgegarter Hartweizen
1	reifer Pfirsich
½	rote oder gelbe Paprika (ca. 100 g)
1	Chilischote
½ Bund	Minze
40 g	Mandelkerne

1. Für das Dressing Joghurt, Limettensaft, Ingwer, Curry, Salz, Pfeffer und Olivenöl in eine Schüssel geben und gründlich miteinander verrühren.
2. Den Weizen nach Packungsanleitung in Salzwasser etwa 10 Minuten kochen. Inzwischen den Pfirsich waschen und würfeln. Die Paprika von Stiel und Kernen befreien und in dünne Streifen schneiden. Die Chilischote von den Kernen befreien und fein würfeln. Die Minze hacken.
3. Den Weizen abgießen und abtropfen lassen, in eine Schüssel geben und mit dem Dressing gut verrühren. Die restlichen Zutaten hinzufügen und vorsichtig unterheben.

Tipp

Den Salat können Sie auch mit Couscous zubereiten. Instant-Couscous muss lediglich mit heißem Wasser oder heißer Brühe übergossen werden und etwa 5 Minuten ausquellen.

Fruchtiger Käse-Salat

1 Dose	Mandarinen
	(175 g Abtropfgewicht)
½ Dose	Mais (ca. 142 g Abtropfgewicht)
150 g	Schnittkäse (30 % F. i. Tr.,
	z. B. Edamer, Gouda)
3	Frühlingszwiebeln
1	kleiner Eisbergsalat
4 EL	Mandarinensaft
½	Biozitrone
	einige Basilikumzweige
	Jodsalz, Pfeffer aus der Mühle
2 EL	Olivenöl

Für 2 Portionen

1. Die Mandarinen abtropfen lassen, dabei den Saft auffangen. Mais ebenfalls abtropfen lassen.
2. Die Frühlingszwiebeln in Ringe schneiden, den Eisbergsalat in Streifen schneiden. Die vorbereiteten Zutaten in einer Salatschüssel mischen.
3. Zitrone heiß abwaschen. Von der Zitrone einige dünne Schalenstreifen mit einem Sparschäler abschälen und beiseitelegen. Die Basilikumblättchen abzupfen.
4. Die Zitrone auspressen, den Saft mit 4 EL Mandarinensaft, Salz und Pfeffer verrühren. Das Öl nach und nach unterschlagen. Die Vinaigrette unter den Salat heben. Mit Zitronenschalenstreifen und Basilikum garniert servieren.

Dazu passt frisches Baguette.

Gemüsesalat „Rapidissimo"

1 Pk.	TK-Gemüsemischung italienische Art (1000 g) (nur Gemüse, ohne Butter o. Ä.)	(plus Zeit zum Abkühlen)
2 EL	Olivenöl	Für 2 Portionen
1 EL	Weißweinessig	
1 EL	Pesto (aus dem Glas)	
	Jodsalz, Pfeffer aus der Mühle	
	einige Zweige Basilikum	

1. Die Gemüsemischung nach Packungsanleitung in einer großen, beschichteten Pfanne im Olivenöl etwa 10 Minuten dünsten.
2. Den Essig und das Pesto unter das Gemüse rühren und mit Salz und Pfeffer abschmecken. In eine große Salatschüssel geben und mit Basilikumblättern bestreuen. Nach Wahl lauwarm oder abgekühlt servieren.

Dazu passt Baguette.

⦂ Tipp

Soll der Salat sättigender sein, richten Sie ihn mit 1 hart gekochten Ei oder 75 g gegarten Putenbruststücken (aus dem Kühlregal) pro Person an. Sie können ihn auch bestens mit gegarter Pasta ergänzen, die unter das Gemüse gehoben wird. Rechnen Sie als Hauptgericht 100 g Rohware pro Portion.

Eiersalat

2	Eier
150 g	TK-Erbsen
75 g	gekochter Schinken
	in Scheiben
½ Glas	saure Gurken
	(ca. 150 g Abtropfgewicht)
1 geh. EL	Salatmayonnaise (aus dem Glas)
125 g	Joghurt, fettarm
1 EL	heller Essig
	Zucker oder Honig
	Pfeffer aus der Mühle
½ Beet	Kresse

Für 2 Portionen

1. Die Eier in 8–10 Minuten hart kochen, gleichzeitig die Erbsen in etwa 6 Minuten garen. Inzwischen den Schinken ggf. vom Fettrand befreien und in Streifen schneiden.
2. Die Eier abgießen, kalt abschrecken und schälen. Die Erbsen in ein Sieb abgießen und ebenfalls mit kaltem Wasser abschrecken.
3. Die Gurken aus dem Glas nehmen, abtropfen lassen und fein würfeln. Die vorbereiteten Zutaten in einer Schüssel mischen.
4. Die Salatmayonnaise mit dem Joghurt, Essig, etwas Zucker oder Honig und Pfeffer verrühren. Unter die Salatzutaten heben. Die Kresse vom Beet schneiden, waschen, trocken tupfen und unterheben.

Dazu passt Vollkornbrot.

Rohkost mit zweierlei Dips

Für 2 Portionen

Für den Avocado-Dip:

1	kleine Knoblauchzehe
½	reife Avocado
	etwas frischer Limettensaft
	Jodsalz, Chilipulver
	schwarzer Pfeffer aus der Mühle

Für den Blauschimmelkäse-Dip:

50 g	Blauschimmelkäse (z. B. Roquefort, Gorgonzola)
1 EL	Milch, fettarm
1 TL	heller Balsamicoessig
	einige Basilikumblättchen
	schwarzer Pfeffer aus der Mühle

Außerdem:

500 g gemischte Rohkost, in Streifen oder Scheiben geschnitten (z. B. Möhren, Stangensellerie, Gurke, Paprika, Kohlrabi, Radieschen) und ganze Chicoréeblätter

Tipp

Die restliche Hälfte der Avocado für den Couscous-Gemüse-Salat (Seite 111) verwenden.

1. Für den Avocado-Dip die Knoblauchzehe schälen und durchpressen. Die Avocado halbieren, das Fruchtfleisch aus der Schale lösen und mit dem Knoblauch in eine Schüssel geben. Den Limettensaft mit einer Gabel unterrühren, dabei das Fruchtfleisch zerdrücken. Den Dip mit Salz, Chilipulver und Pfeffer pikant abschmecken.
2. Für den Blauschimmelkäse-Dip den Käse mit einer Gabel sehr gut zerdrücken. Milch und Balsamico mit dem Schneebesen gründlich unterrühren. Die Basilikumblättchen in Streifen schneiden und den Dip mit etwas Pfeffer abschmecken.
3. Die Rohkoststreifen auf einem großen Teller anrichten, die Dips in kleinen Schälchen dazustellen.

Chicorée-Rohkost

2 Stauden	Chicorée	Für 2 Portionen
1	Orange	
1	Apfel	
1 EL	Zitronensaft	
2 EL	Sahne	
1 TL	Zucker oder Honig	
	Jodsalz	
1 EL	geriebene Haselnüsse	
3–4 EL	Haferflocken	

1. Den Chicorée halbieren, den Strunk herausschneiden. Die Orange schälen, Chicorée, Apfel und Orange in kleine Stücke schneiden und in einer Schüssel mischen. 4 große Chicoréeblätter zum Anrichten beiseitelegen.
2. Den Zitronensaft, Sahne, Zucker oder Honig, Salz, Haselnüsse und Haferflocken miteinander verrühren und unter die Gemüse-Obst-Mischung rühren. Auf Chicoréeblättern angerichtet servieren.

Tipp

Dazu schmeckt in der Pfanne kurzgebratenes Fleisch, beispielsweise ein Schweinesteak oder ein Putenschnitzel.

Matjes mit Quarkdip

1	kleiner Apfel
2–4	Frühlingszwiebeln
2	saure Gurken
100 g	Magerquark
30 g	Schmand
	etwas Zitronensaft
	Jodsalz, Pfeffer aus der Mühle
¼ Bund	Dill
2	Matjesfilets (à 90 g)
2	Scheiben Schwarzbrot

Für 2 Portionen

1. Den Apfel in feine Würfel schneiden, die Frühlingszwiebeln in dünne Ringe. Die Gurken abtropfen lassen und ebenfalls fein würfeln.
2. Den Quark mit dem Schmand und dem Zitronensaft glatt rühren, mit Salz und Pfeffer würzen. Den Dill fein hacken und unter die Quarkmischung ziehen.
3. Die Matjesfilets auf Tellern anrichten und den Quarkdip und das Schwarzbrot dazu reichen.

Clubsandwich

1	Fleischtomate
2 dünne Scheiben	geräucherter Speck
3 TL	Salatmayonnaise (aus dem Glas)
1 EL	Tomatenketchup
	Jodsalz, Pfeffer aus der Mühle
6 Scheiben	Vollkorn-Sandwichtoast
1 EL	Butter
4	große Blätter Eisbergsalat
150 g	geräucherte Putenbrust in Scheiben
	einige Scheiben Salatgurke

Für 2 Portionen

1. Die Tomaten in Scheiben schneiden.
2. Die Speckscheiben halbieren, in einer Pfanne ohne Zugabe von Fett kross braten und auf einem Küchenpapier abtropfen lassen.
3. Salatmayonnaise und Ketchup zu einer glatten Cocktailsauce verrühren. Mit Salz und Pfeffer abschmecken.
4. Die Sandwichscheiben toasten. Den Toast mit Butter bestreichen. 2 Scheiben Toast mit 2 Salatblättern belegen.

Die Hälfte der Putenbrust darauflegen und mit der Hälfte Cocktailsauce bestreichen. Die Hälfte der Tomaten-, Gurkenscheiben und des Specks darauf verteilen. Mit je 1 Scheibe Toast belegen und die übrigen Zutaten für den Belag in gleicher Reihenfolge auflegen.

5. Zum Schluss die letzte Toastscheibe aufsetzen. Die Toastscheiben diagonal mit einem scharfen Messer durchschneiden, mit je einem Cocktailspieß feststecken und auf Tellern anrichten.

Gyros-Sandwich

250 g	Schweineschnitzel
	Pfeffer
	Salz
	Knoblauch
	Oregano
	Thymian
	Paprikapulver
1 TL	Rapsöl
200 g	Krautsalat in Essig-Öl-Marinade (aus dem Kühlregal)
2	Tomaten
2	Pitabrote (Fertigprodukt)
4 EL	Zaziki (⋯⟩ Seite 104)

Für 2 Portionen

1. Schweineschnitzel klein schneiden, in einer Pfanne im heißen Öl braten, würzen.
2. Inzwischen den Krautsalat abtropfen lassen. Die Tomaten in dünne Scheiben schneiden.
3. Die Pitabrote nach Packungsanleitung toasten. Die Brottaschen öffnen und das Gyros, den Krautsalat, das Zaziki und die Tomatenscheiben in die Brottaschen füllen.

Wraps mit Hühnersalat

4	Tortilla-Wraps
ca. 70 g	Obst nach Angebot, beispielsweise Ananas, Apfel oder Mandarine
50 g	Eisbergsalat
150 g	gebratene Putenbruststücke (aus dem Kühlregal)
4 EL	Joghurt, fettarm
1 TL	Orangensaft
½ cm	frische Ingwerwurzel
	Jodsalz
	Pfeffer aus der Mühle
	Currypulver

Für 2 Portionen

1. Die Tortilla-Wraps nach Packungsanleitung erwärmen. Das Obst in Stücke schneiden, den Eisbergsalat in Streifen schneiden, die Putenbrust häuten und ebenfalls in Stücke schneiden. Alles miteinander mischen.
2. Den Joghurt mit dem Orangensaft verrühren. Die Ingwerwurzel schälen und durch eine Knoblauchpresse drücken. Beides unter den Joghurt rühren und das Ganze mit Salz, Pfeffer und Currypulver abschmecken. Die Sauce unter die Salatzutaten heben.
3. Den Putensalat in die Mitte der Wraps verteilen. Die untere Seite der Wraps hochklappen, die Wraps von einer Seite her aufrollen. Auf Tellern anrichten und sofort servieren.

Bunte Sandwiches

4 Scheiben	Vollkorn-Sandwichtoast
1 EL	Butter oder Margarine
50 g	geräucherte Putenbrust (in dünnen Scheiben)
2 Scheiben	Schnittkäse (z. B. Havarti, Gouda)
1 EL	getrocknete Cranberries oder Aprikosen
1 EL	rotes Johannisbeergelee Cayennepfeffer

Für 2 Portionen

1. Die Toastscheiben toasten und mit Butter oder Margarine bestreichen.
2. 2 Toastscheiben mit Putenbrust belegen. Die Käsescheiben darauflegen.
3. Die Cranberries fein hacken, mit dem Gelee verrühren, mit Cayennepfeffer würzen und auf dem Käse verteilen. Mit einer Scheibe Toast abdecken.

Dazu passt Rohkost oder ein grüner Salat.

Tipp

Diese Toasts können auch im Kontaktgrill oder Sandwichmaker zubereitet werden.

Fixes Fingerfood

Hier finden Sie unkomplizierte Partygerichte, die sich bestens als kleine Appetithappen oder für ein kaltes Buffet eignen.

Crostini mit Tomaten

8	Weißbrotscheiben
2	Knoblauchzehen
3 EL	Olivenöl
	Jodsalz, Pfeffer aus der Mühle
150 g	Kirschtomaten
	etwas getrockneter Oregano
8	Basilikumblätter zum Garnieren

Für 8 Portionen

1. Die Weißbrotscheiben quer halbieren. Die Brote mit 2 Esslöffeln Olivenöl bepinseln, leicht salzen und pfeffern.
2. Die Brotscheiben auf ein mit Backpapier ausgelegtes Backblech legen und im vorgeheizten Backofen bei 180 °C auf mittlerer Einschubleiste etwa 10 Minuten backen.
3. Inzwischen die Kirschtomaten halbieren und zusammen mit dem Knoblauch im restlichen Olivenöl in einer Pfanne schwenken. Mit Salz, Pfeffer und Oregano würzen.
4. Die gerösteten Brote mit den Kirschtomaten belegen und mit Basilikum garniert servieren.

Ricotta-Törtchen

12	Vollkorn-Sandwichtoast-scheiben
	Fett für die Förmchen
½ Bund	Basilikum
100 g	Gorgonzola, Magerstufe
200 g	Ricotta, Vollfettstufe
1 EL	mittelscharfer Senf
100 g	Sahne (30 % F. i. Tr.)
5 EL	zarte Haferflocken
30	Cocktailtomaten
4 EL	flüssiger Honig
½ TL	Chilipulver
	Jodsalz

(plus 20 Minuten Backzeit)

Für 12 Stück

1. Die Toastscheiben ggf. entrinden und mit dem Nudelholz so flach wie möglich ausrollen. Eine Muffinform mit 12 Vertiefungen ausfetten und Toastscheiben in die Förmchen drücken.
2. Die Basilikumblättchen fein schneiden. Den Gorgonzola mit einer Gabel fein zerdrücken. Ricotta, Senf, Gorgonzola, Sahne, Haferflocken und Basilikum zugeben und alles mischen.
3. Die Creme in die Förmchen geben. Die Tomaten halbieren und auf die Creme legen. Im vorgeheizten Backofen bei 180 °C (Umluft: 160 °C) etwa 20 Minuten backen.
4. Den Honig mit Chilipulver und Jodsalz verrühren und die warmen Törtchen damit bestreichen.

Mozzarella-Spieße

12	Basilikumblätter
12	Cocktailtomaten
12	Mini-Mozzarellabällchen
6	große, entsteinte grüne Oliven
6	große, entsteinte schwarze Oliven
Außerdem: 12	Cocktailspießchen

Für 12 kleine Spieße

1. Auf jedes Spießchen je 1 Basilikumblatt, 1 Cocktailtomate und 1 Mozzarellakugel stecken.
2. Auf je 6 Spießchen noch je 1 grüne, auf die übrigen je 1 schwarze Olive stecken.

Gefüllte Birne

8 EL	Ziegenfrischkäse (45 % F. i. Tr.)
7–8 EL	Milch, fettarm
	Jodsalz, Pfeffer aus der Mühle
	etwas frische Minze, gehackt, und Minzeblätter zum Garnieren
4	Birnen
	etwas Zitronensaft

Für 8 Birnenhälften

Speed-Tipp:
Schneller geht das Gericht mit Birnenhälften aus der Dose.

1. Den Frischkäse mit der Milch glatt rühren und mit Salz und Pfeffer würzen, die Minzeblättchen unterheben.
2. Die Birne längs halbieren, das Kerngehäuse herausschneiden, die Schnittflächen mit Zitronensaft beträufeln.
3. Den Frischkäse in die Birnenhälften füllen und mit Minzeblättchen garniert servieren.

Frischkäsetaler

2	Kohlrabi	Für 8 Portionen
16	Pumpernickel-Taler	
150 g	Ricotta, Vollfettstufe	
150 g	Magerquark	
1 EL	Mineralwasser mit Kohlensäure	
	Jodsalz, Pfeffer aus der Mühle	
1	Spritzer Zitronensaft	

Tipp

Für die Optik können die Taler mit halbierten Cocktailtomaten, einigen Sprossen, Kapern o. ä. dekoriert werden.

1. Die Kohlrabi schälen und jeweils in etwa 8 gleich dicke Scheiben schneiden (die Enden z. B. gleich essen). Kohlrabischeiben und Pumpernickel-Taler auf einer Servierplatte anrichten.
2. Den Ricotta mit dem Magerquark und dem Mineralwasser glatt rühren, mit Salz, Pfeffer und Zitronensaft abschmecken. Die Creme mit einem Esslöffel auf dem Kohlrabi und dem Pumpernickel verteilen.

Datteln im Speckmantel

32	entkernte, getrocknete Datteln	Für 8 Portionen
32	dünne Scheiben durchwachsener Speck	

1. Die Datteln mit dem Speck umwickeln und in einer beschichteten Pfanne einige Minuten bei mittlerer Hitze knusprig braten. Warm servieren.

Tipp

Sie können die Datteln auch im Backofen backen, dafür auf ein mit Backpapier ausgelegtes Blech legen. Die Backzeit beträgt etwa 10 Minuten (bei 200 °C).

Gefülltes Gemüse

		Für 6 Portionen
150 g	Feta	
200 g	Magerquark	
2	Knoblauchzehen, durchgepresst	
4 EL	gemischte TK-Kräuter	
1 TL	getr. Oregano oder Thymian	
1 Spritzer	Zitronensaft	
	Jodsalz, Pfeffer aus der Mühle	
1	Salatgurke	
20	kleine Tomaten	
	einige Basilikumblätter	

1. Den Feta zerkrümeln, mit einem Pürierstab mit dem Magerquark glatt rühren. Knoblauch und Kräuter unterrühren und die Creme mit Salz und Pfeffer abschmecken.
2. Die Gurke längs halbieren und die Kerne herauskratzen. Die Tomaten halbieren und Kerne und Flüssigkeit mit einem kleinen Löffel entfernen.
3. Die Fetacreme mit einem kleinen Löffel in das Gemüse füllen. Die Gurkenhälften in mundgerechte Stücke schneiden. Das Basilikum in Streifen schneiden und das Gemüse damit bestreut anrichten.

Möhren mit Schinken

2 Bund	junge Möhren (mit Grün, 600 g, etwa 24 Stück)
2 EL	Olivenöl
2 TL	Zucker oder Honig
	Jodsalz, Pfeffer aus der Mühle
2 EL	dunkler Balsamicoessig
	abgeriebene Schale von 1 Biozitrone
ca. 24	dünne Scheiben luftgetrockneter Schinken (je nach Anzahl der Möhren)
ca. 24	Basilikumblätter (je nach Anzahl der Möhren)

Für 6 Portionen

1. Das Grün der Möhren abschneiden, dabei etwa 2 cm stehen lassen. Die Möhren waschen und putzen. Das Öl in einer großen Pfanne (oder einem großen flachen Topf) erhitzen, die Möhren hineingeben und andünsten.
2. Zucker oder Honig, Salz, Pfeffer, Balsamico und Zitronenschale zufügen und die Möhren zugedeckt bei geringer Hitze etwa 7 Minuten garen.
3. Inzwischen auf Wunsch den Fettrand vom Schinken entfernen und die Basilikumblättchen von den Stielen zupfen. Die Möhren mit je 1 Kräuterblatt belegen und mit 1 Schinkenscheibe umwickeln. Auf einer Servierplatte anrichten und mit dem Garsud begießen.

Hack-Quark-Bällchen vom Blech

2	Gemüsezwiebeln
8 EL	zarte Haferflocken
500 g	gemischtes Hackfleisch
250 g	Magerquark, gut abgetropft
1	Ei
1 EL	Senf
1 Pk.	TK-Petersilie
	Jodsalz, Pfeffer aus der Mühle

(plus 20 Minuten Backzeit)

Für 6 Portionen

1. Die Zwiebeln fein würfeln. Zusammen mit den übrigen Zutaten in eine große Schüssel geben und zu einem Hackfleischteig vermengen.
2. Den Fleischteig mit angefeuchteten Händen zu kleinen Bällchen formen (etwa 30 Stück) und auf ein mit Backpapier ausgelegtes Blech legen. Im vorgeheizten Backofen bei 225 °C (Umluft 220 °C) auf der 2. Schiene von unten 20 Minuten garen, bis die Bällchen schön braun sind. Zwischendurch einmal wenden.

Dazu passt Senf, Baguette, ein bunter Salat oder einfach Rohkoststicks.

1 x kochen, 2 x essen: Hackbällchen lassen sich bestens einfrieren, bereiten Sie gleich die doppelte Menge zu. Die Hackbällchen schmecken auch kalt und können als Mittagessen mitgenommen werden.

⁝ Tipp

Durch das Verwenden von Haferflocken anstelle von eingeweichten Brötchen erspart man sich einen Arbeitsschritt und der Teig wird ebenfalls schön locker.
Das Backen im Ofen dauert länger als das Braten in der Pfanne – dafür kann man während der 20 Minuten Backzeit aber andere Dinge erledigen, z. B. eine Beilage zubereiten. Außerdem spart man reichlich Fett.

Blätterteigtaschen mit Ziegenkäse

8	Blätterteig-Quadrate, aufgetaut (250 g)
150 g	Ziegenfrischkäse
2 EL	Schmand
1 TL	flüssiger Honig
½ EL	frischer Rosmarin (oder 1 EL getr.)
	Pfeffer aus der Mühle
30 g	Walnusskerne
1	Ei
2 EL	Milch, fettarm

(plus 20 Minuten Backzeit)

Für 2 Portionen

1. Die Teigquadrate nebeneinander auf eine Arbeitsfläche legen.
2. Den Ziegenfrischkäse mit dem Schmand und dem Honig glatt rühren, den frischen Rosmarin hacken. Rosmarin unter die Käsecreme ziehen, mit Pfeffer abschmecken. Die Walnüsse fein hacken.
3. Die Käsecreme und die Walnüsse jeweils auf die Mitte der Teigquadrate verteilen. Das Ei trennen, die Teigränder mit dem Eiweiß bestreichen. Die Teigquadrate diagonal zusammenklappen, die Ränder gut festdrücken. Das Eigelb mit der Milch verrühren und die Teigdreiecke damit bepinseln.
4. Auf der mittleren Einschubleiste im vorgeheizten Backofen bei 200 °C (Umluft 180 °C) etwa 20 Minuten backen, bis der Teig goldbraun ist.

Fixe warme Mahlzeiten

So vielseitig ist die schnelle Küche – das sollen die warmen Hauptgerichte mit ihrer Vielfalt an Zutaten und Zubereitungsarten zeigen. Die Mengen lassen sich gut halbieren oder verdoppeln, sodass auch Singles und Familien problemlos danach kochen können.

Kartoffel-Gemüse-Suppe

250 g	Kartoffeln
1	kleine Zwiebel
1 EL	Rapsöl
150 g	TK-Gemüse nach Wahl
	(z. B. Brokkoli, Suppengemüse)
½ l	Gemüsebrühe
30 ml	Sahne (30 % F. i. Tr.)
	Jodsalz, Pfeffer aus der Mühle
2 EL	TK-Petersilie

Für 2 Portionen

1. Kartoffeln schälen und in kleine Würfel schneiden. Die Zwiebel fein hacken und in einem Topf im Öl andünsten. Kartoffeln und Gemüse zugeben und kurz mitdünsten.
2. Die Gemüsebrühe angießen und aufkochen lassen. Die Suppe etwa 10 Minuten garen.
3. Die Suppe mit einem Pürierstab sehr fein pürieren. Die Sahne unterheben und alles mit Salz und Pfeffer abschmecken. Mit Kräutern bestreut servieren.

1 x kochen, 2 x essen: Wenn Sie die Suppe einfrieren möchten, lassen Sie die Sahne weg und fügen Sie sie erst nach dem Auftauen hinzu.

Tomaten-Brotsuppe

2½ Scheiben	trockenes Bauernbrot oder Roggenbrot
2	Knoblauchzehen
3 TL	Olivenöl
1 Dose	stückige Tomaten (400 g)
½ l	Gemüsebrühe
	Jodsalz, Pfeffer aus der Mühle
	Zucker oder Honig
2 EL	TK-Italienische Kräuter

Für 2 Portionen

1. Die Brotscheiben im Toaster rösten. Den Knoblauch fein hacken.
2. Das Olivenöl in einem Topf erhitzen und Tomaten mit dem Knoblauch darin andünsten. Mit der Brühe aufgießen und aufkochen lassen, anschließend mit dem Pürierstab fein pürieren.
3. Die Brotscheiben in grobe Stücke zerschneiden und dazugeben, die Suppe mit Salz, Pfeffer und etwas Zucker oder Honig abschmecken. Alles bei geringer Hitze etwa 15 Minuten zu einer dicken Suppe kochen. Vor dem Servieren die Kräuter unterrühren.

Variation:

Das Brot kann auch getoastet und separat zur Suppe gereicht werden. Wer möchte, reibt das getoastete Brot noch mit einer halben Knoblauchzehe ein und beträufelt es mit ein wenig Olivenöl.

Minestrone

1	kleine Kartoffel
30 g	geräucherter Speck
1	kleine Zwiebel
1	Knoblauchzehe
1 EL	Olivenöl
200 g	tiefgefrorene grüne Bohnen
225 g	TK-Suppengemüse
je ½	Thymian-, Majoran- und Rosmarinzweig
½ l	Gemüsebrühe
100 g	kleine Nudeln (Rohware)
½ kleine Dose	weiße Bohnen (ca. 120 g Abtropfgewicht)
1	kleine Tomate
1 EL	gehackte glatte Petersilie
1 EL	frisch geriebener Parmesan

Für 2 Portionen

1. Die Kartoffel schälen, Kartoffel und Speck würfeln. Die Zwiebel und den Knoblauch schälen und fein würfeln.
2. Das Öl in einem großen Topf erhitzen, die Zwiebel- und Knoblauchwürfel darin glasig braten. Das Gemüse, die Kartoffel und die Kräuterzweige zugeben und kurz andünsten, dann mit Gemüsebrühe aufgießen und zugedeckt 10 Minuten bei schwacher Hitze köcheln lassen.
3. Nach etwa 2 Minuten (je nach Garzeit der Nudeln) die Nudeln, kurz vor Ende der Garzeit die Bohnen zufügen. Die Tomate fein würfeln.
4. Die Kräuterzweige entfernen, Tomate und Petersilie unter die Suppe rühren. Mit Parmesan bestreut servieren.

1 x kochen, 2 x essen: Zum Einfrieren die Suppe bis einschließlich Schritt 2 zubereiten. Nudeln, Tomate und weiße Bohnen erst nach dem Auftauen zufügen.

Tipps

- Das Gemüse kann je nach Geschmack durch anderes ersetzt werden. Anstelle von grünen Bohnen passen auch Fenchel, Zucchini oder Romanesco sehr gut in die Minestrone.
- Sie können auch bereits gegartes Gemüse, Kartoffeln oder Nudeln für diese Suppe verwenden. Diese Zutaten werden dann zusammen mit den Bohnen dazugegeben und nur kurz erwärmt.
- Die übrigen weißen Bohnen können am nächsten Tag für einen Salat verwendet werden, z. B. kombiniert mit Tomaten und Frühlingszwiebeln.

Asiatische Suppe mit Tofu

15 g	getr. Mu-Err-Pilze (ersatzweise getrocknete Steinpilze)	Für 4 Portionen
1 Stück	Ingwerknolle (ca. 1 cm lang)	
1	Knoblauchzehe	
1	kleine rote Chilischote	
3 EL	Sojasauce	
200 g	Räuchertofu	
150 g	Chinakohl	
½ l	Gemüsebrühe	
1 EL	Limettensaft	
	Pfeffer aus der Mühle	

1. Die Pilze gut abspülen, dann in 100 ml heißem Wasser einweichen.
2. Inzwischen Ingwer und Knoblauch schälen und fein hacken. Die Chilischote entkernen und ebenfalls fein hacken. Mit 2 Esslöffeln Sojasauce verrühren. Den Tofu würfeln.
3. Den Chinakohl in feine Streifen schneiden.
4. Den Pilzsud abgießen und auffangen. Zusammen mit der Gemüsebrühe und der Soja-Würzmischung in einen Kochtopf geben und aufkochen. Größere Pilze in Streifen schneiden und die Pilze in die Suppe geben.
5. Den Chinakohl zufügen und alles etwa 8 Minuten köcheln lassen. Wenn das Gemüse gegart ist, aber noch Biss hat, den Tofu zufügen und in der Suppe kurz mitkochen lassen. Vor dem Servieren den Limettensaft zufügen. Mit der übrigen Sojasauce und Pfeffer abschmecken.

Tipp

Mit getrockneten Pilzen kann man beim Kochen Zeit sparen, da das Putzen entfällt. Die Pilze müssen lediglich gründlich abgespült werden. Soll es noch schneller gehen, ersetzen Sie Chinakohl und Sprossen durch 200 g tiefgekühlte Wok-Gemüsemischung.

Scharfer Linsen-Eintopf

1	kleine rote Chilischote
1	kleine Zwiebel
1 TL	Rapsöl
1 Msp.	Kurkuma
1 Msp.	Zucker oder Honig
200 g	Porree (alternativ: TK-Porree)
125 ml	Gemüsebrühe
1 Dose	braune Linsen mit Suppengrün (ca. 425 ml Gesamtgewicht)
1 EL	frische gehackte Petersilie
2 EL	saure Sahne

Für 2 Portionen

1. Die Chilischote entkernen und fein hacken. Die Zwiebel schälen und würfeln. Das Öl in einem Topf erhitzen und Chili und Zwiebel darin bei mittlerer Hitze andünsten.
2. Den Kurkuma und den Zucker oder Honig darübergeben und anschwitzen. Den Porree putzen, in feine Ringe schneiden und zufügen, die Gemüsebrühe angießen und alles etwa 5 Minuten garen. Kurz vor Ende der Garzeit die Linsen abgießen und in der Suppe erwärmen. Inzwischen die Petersilienblättchen von den Stielen zupfen und hacken.
3. Die Suppe in 2 Tellern anrichten und mit je 1 Esslöffel saurer Sahne und mit Petersilie bestreut servieren.

1 x kochen, 2 x essen: Die Suppe kann bis einschließlich Schritt 2 zubereitet und dann eingefroren werden. Nach dem Auftauen noch saure Sahne und Petersilie zufügen.

Bohnen-Kartoffel-Eintopf

1	kleine Zwiebel
100 g	Kartoffeln
1 TL	Rapsöl
200 g	TK-Suppengemüse
1 TL	getr. Bohnenkraut
1 Msp.	Thymian
250 ml	Gemüsebrühe
1 Dose	weiße Bohnen mit Suppengrün
	(ca. 425 ml Gesamtgewicht)
2 EL	Sahne (30 % Fett)
	Jodsalz, Pfeffer aus der Mühle

Für 2 Portionen

1. Die Zwiebel pellen und fein hacken, die Kartoffeln schälen und würfeln. Das Öl in einem großen Topf erhitzen und Zwiebel- und Kartoffelwürfel darin bei mittlerer Hitze andünsten.
2. Das Suppengemüse und die Kräuter zufügen und mit der Gemüsebrühe aufgießen. Aufkochen und etwa 10 Minuten köcheln lassen.
3. Die Bohnen abgießen, zusammen mit der Sahne in den Topf geben und erwärmen. Den Eintopf mit Salz und Pfeffer abschmecken und heiß servieren.

1 x kochen, 2 x essen: Bis einschließlich Schritt 2 zubereiten, nach dem Auftauen noch Bohnen und Sahne zufügen.

Tipp

Zum Bohneneintopf passen Würste, z. B. Debracziner oder Wiener Würstchen.

Spaghetti mit Öl, Knoblauch und Petersilie

Für 2 Portionen

200 g	Spaghetti
	Jodsalz
2	Knoblauchzehen
½ Bund	glatte Petersilie
2 EL	Olivenöl
	Pfeffer aus der Mühle

1. Die Spaghetti nach Packungsanleitung in Salzwasser al dente kochen, abgießen und gut abtropfen lassen.
2. Inzwischen den Knoblauch schälen und in Scheiben schneiden, die Petersilienblätter von den Zweigen zupfen.
3. Das Öl in einer Pfanne bei mittlerer Temperatur erhitzen und den Knoblauch darin anbraten, dann wieder herausnehmen. Achtung, der Knoblauch brennt schnell an, er darf nur goldgelb werden.
4. Das Knoblauchöl mit den abgetropften Spaghetti in einer Schüssel mischen, die Petersilie unterheben und das Gericht mit Salz und Pfeffer abschmecken.

Variation:

Für einen intensiveren Knoblauchgeschmack belässt man die Knoblauchzehen im Öl.

Wer's scharf mag, bereitet das klassische Rezept „Spaghetti aglio, olio e peperoncini" (mit Knoblauch, Öl und Chilischoten) zu: Dafür zusammen mit dem Knoblauch je nach gewünschtem Schärfegrad noch 1 bis 2 entkernte, in Ringe geschnittene rote Chilischoten im Öl anbraten.

Tipp

Dazu schmeckt ein frischer Salat.

Spaghetti mit Pesto alla genovese

Für 2 Portionen

1	Knoblauchzehe
1 Bund	Basilikum (ca. 20 Blätter)
	grobes Meersalz
1 EL	frisch geriebener Pecorino (15 g)
1 EL	frisch geriebener Parmesan (15 g)
3 EL	Olivenöl
200 g	Spaghetti
	Jodsalz

1. Den Knoblauch schälen, Knoblauch, Basilikum und Salz im Mörser zerstoßen. Den Käse unterrühren.
2. Das Öl in feinem Strahl einlaufen lassen und unterrühren, bis eine glatte Paste entstanden ist.
3. Die Spaghetti nach Packungsanleitung in Salzwasser al dente kochen, abgießen, gut abtropfen lassen und mit dem Pesto verrühren.

Variation:

Es können auch Pinienkerne (ca. 40 g) im Mörser zerkleinert und hinzugefügt werden.

Tipp

Die gewaschenen Basilikumblätter müssen gut abgetrocknet werden. Mit etwas Öl bedeckt kann das Pesto zwei Wochen in einem verschlossenen Glas im Kühlschrank aufbewahrt werden, am besten bereiten Sie gleich mehr zu. Das Pesto passt nicht nur zu Nudelgerichten. Schmecken Sie z. B. Gemüse- oder Sahnesaucen damit ab, rühren Sie es in ein Risotto oder als Brotaufstrich unter Magerquark, marinieren Sie Grillfleisch damit. Oder verwenden Sie es für folgende Gerichte aus diesem Buch: Mozzarella-Brötchen (⋯⃗ Seite 96), Gemüsesalat „Rapidissimo" (⋯⃗ Seite 117), Pasta mit Garnelen und Zuckerschoten (⋯⃗ Seite 150), Fischpäckchen mit Pasta (⋯⃗ Seite 178).

Pasta mit Artischocken

200 g	Penne (große Röhrennudeln)	Für 2 Portionen
	Jodsalz	
200 g	eingelegte Artischocken	
1	Knoblauchzehe	
	Pfeffer aus der Mühle	
2 EL	Parmesan oder Pecorino (30 g)	
1 EL	Olivenöl	

1. Die Nudeln nach Packungsanleitung in reichlich Salzwasser bissfest kochen.
2. Inzwischen die Artischocken ggf. abgießen, mit kaltem Wasser abspülen und trocken tupfen. Die Artischocken in Scheiben schneiden. Den Knoblauch schälen, die Zehen halbieren und in schmale Scheiben schneiden. Den Käse in Späne hobeln.
3. Das Öl in einer großen Pfanne oder einem Wok erhitzen. Die Artischocken und den Knoblauch hineingeben und bei mittlerer Hitze erwärmen. Mit Pfeffer übermahlen.
4. Die Nudeln abgießen und gut abtropfen lassen. In der Pfanne mit den Artischocken und dem Öl mischen und sofort servieren. Den geriebenen Käse dazu reichen.

Bavette mit nussiger Sauce

200 g	Möhren	Für 2 Portionen
100 ml	Gemüsebrühe	
25 g	gemahlene Haselnüsse	
50 g	Sahne (30 % Fett)	
200 g	Bavette (flache Spaghetti)	
	Jodsalz, Pfeffer aus der Mühle	
1 EL	TK-Petersilie	

1. Die Möhren waschen, putzen, klein schneiden und in der Gemüsebrühe etwa 15 Minuten garen. Die Möhren dann in der Brühe passieren.
2. Nüsse und Sahne zu den Möhren geben, kurz einkochen lassen.
3. Inzwischen die Nudeln nach Packungsanleitung in reichlich Salzwasser bissfest kochen, abgießen und abtropfen lassen.
4. Die Sauce mit Salz und Pfeffer abschmecken und mit Petersilie bestreuen. Zusammen mit den Bavette anrichten.

Zucchini-Möhren-Spaghetti

200 g	Spaghetti	Für 2 Portionen
	Jodsalz	
100 g	Möhren	
200 g	Zucchini	
40 g	Pinienkerne	
1 EL	Butter oder Margarine	
1 EL	geriebener Parmesan (15 g)	

1. Die Nudeln nach Packungsanleitung in reichlich Salzwasser bissfest kochen.
2. Inzwischen die Möhren und die Zucchini mit einem Gemüseschäler in lange, dünne Streifen schneiden. Die Pinienkerne in einer Pfanne ohne Fett rösten.
3. Eine Minute vor Ende der Garzeit das Gemüse zu den Nudeln geben und mitgaren. Dann in ein Sieb abgießen und gut abtropfen lassen.
4. Die Butter oder Margarine in einer großen Pfanne erhitzen. Dann die Nudeln mit den Gemüsestreifen zufügen, alles gut durchmischen und durchwärmen. Auf Tellern anrichten und mit Pinienkernen bestreuen. Den geriebenen Parmesan dazu reichen.

Hafer-Spätzle mit Schmorgemüse

100 g	zarte Haferflocken
100 g	Weizenmehl Type 405
3	Eier (Größe M)
	Jodsalz, Pfeffer, Rosmarin
1 TL	Butter oder Margarine
1 Pk.	TK-Gemüsemischung nach Wahl (500 g; z. B. italienische oder französische Mischung)
2 EL	rotes Pesto (aus dem Glas) oder grünes selbst hergestelltes (⋯⟩ Seite 144)
1 EL	Rapsöl

(plus 30 Minuten Zeit zum Ruhen)

Für 2 Portionen

1. Für die Spätzle Haferflocken, Mehl, Eier und Salz gut vermengen. Der Teig sollte langsam und zäh vom Löffel fließen, ohne zu reißen. Andernfalls etwas Wasser oder Mehl hinzufügen. Den Teig 30 Minuten ruhen lassen.
2. Salzwasser in einem großen Topf zum Kochen bringen. Den Teig portionsweise in eine Spätzlepresse/einen Spatzenhobel geben und ins Wasser drücken. Schwimmen die Spätzle an der Wasseroberfläche, sind sie gar und können mit einem Schaumlöffel herausgenommen werden. Zum Abtropfen in ein bereitgestelltes Sieb geben, etwas Butter oder Margarine untermischen. So weiter verfahren, bis der Teig aufgebraucht ist.
3. Inzwischen für das Gemüse das Öl in einer Pfanne erhitzen und das Gemüse darin bei mittlerer Hitze etwa 10 Minuten garen. Mit Salz, Pfeffer und Rosmarin würzen.
4. Schmorgemüse und Spätzle zusammen anrichten und mit rotem Pesto servieren.

1 x kochen, 2 x essen: Gegarte Teigwaren können gut eingefroren werden. Sie könnten also eine mehrfache Menge
des Spätzleteigs zubereiten, die Spätzle kochen, kalt
abschrecken und einfrieren. Nach dem Auftauen in einer
Pfanne in Butter oder in der Mikrowelle erwärmen. Oder
für einen Auflauf, z. B. mit Spinat, Allgäuer Käse und gerösteten Zwiebelringen, verwenden.

Tipp

Die schnellste selbst gemachte Eierpasta sind Spätzle.
Wirklich schnell geht es allerdings nur mit einer Spätzle-
presse – es sei denn, man hat viel Übung und schabt die
Spätzle blitzschnell vom Brett.

Pasta mit Garnelen und Zuckerschoten

Für 2 Portionen

200 g	Fusilli oder kurze Makkaroni
	Jodsalz
100 g	Zuckerschoten
150 g	geschälte TK-Garnelen
1	Knoblauchzehe
1 EL	Olivenöl
	Pfeffer aus der Mühle
3 TL	Pesto (aus dem Glas
	oder ···⟩ Rezept Seite 144)
50 g	Ricotta
	abgeriebene Schale von
	¼ Biozitrone

1. Die Nudeln nach Packungsanleitung in reichlich kochendem Salzwasser bissfest garen. Die Zuckerschoten
   2 Minuten vor Ende der Garzeit zu den Nudeln geben und
   mitkochen.
2. Inzwischen das Olivenöl in einer großen Pfanne oder
   einem Wok erhitzen und die Garnelen darin anbraten.
   Den Knoblauch schälen und dazupressen. Mit Salz und
   Pfeffer würzen.
3. Das Pesto und den Ricotta zufügen und erwärmen.
4. Nudeln und Zuckerschoten abgießen, zur Sauce geben
   und gut mischen. Das Gericht mit Salz, Pfeffer und Zitronenschale abschmecken.

Roter Gemüsereis

1	große Zwiebel
1 Stück	Weißkohl (ca. 150 g)
200 g	Paprikaschoten, alternativ TK-Ware
1 EL	Rapsöl
150 g	10-Minuten-Reis
1 TL	getr. Thymian
125 ml	Tomatensaft
250 ml	Gemüsebrühe
	Paprikapulver, rosenscharf
	Jodsalz, Pfeffer aus der Mühle

Für 2 Portionen

1. Die Zwiebel schälen und in Streifen schneiden. Das Stück Weißkohl in Streifen schneiden oder hobeln. Die Paprika putzen und in Streifen schneiden.
2. Das Öl in einer großen Pfanne oder einem Wok erhitzen und Zwiebel und Reis darin andünsten. Dann den Weißkohl und den Thymian zufügen und kurz mitdünsten.
3. Mit Tomatensaft und Brühe aufgießen und zugedeckt 10 Minuten garen. 5 Minuten vor Ende der Garzeit die Paprika zufügen und mitgaren. Das Reisgericht mit Paprikapulver, Salz und Pfeffer abschmecken.

Penne-Gratin mit Schinken und Spargel

200 g	Penne
	Jodsalz
125 g	grüner Spargel
50 g	gekochter Schinken in Scheiben
	Fett für die Form
1	Ei
60 ml	Milch, fettarm
	Pfeffer aus der Mühle
25 g	Allgäuer oder Schweizer Bergkäse
1 TL	Kapern
25 g	Sonnenblumenkerne
1 EL	TK-Petersilie

(plus 30 Minuten Backzeit)

Für 2 Portionen

1. Die Penne in reichlich Salzwasser nach Packungsanleitung bissfest kochen. Die Spargelstangen im unteren Drittel schälen, die Enden abschneiden, Spargel in Stücke schneiden und zusammen mit den Nudeln 5 Minuten garen. Abgießen, kalt abschrecken und gut abtropfen lassen.
2. Die Schinkenscheiben in Streifen schneiden. Penne, Schinken und Spargel in eine gefettete Auflaufform schichten.
3. Das Ei mit der Milch verquirlen, mit Salz und Pfeffer würzen. Den Käse reiben und mit den Kapern unter die Eiermilch rühren. Über die Penne gießen. Im vorgeheizten Backofen auf der mittleren Einschubleiste bei 200 °C (Umluft 180 °C) etwa 30 Minuten backen.
4. Den Auflauf mit Sonnenblumenkernen und Petersilie bestreut anrichten.

Variation:

Sie können dieses.Rezept auch in der klassischen Kombi-
nation mit 150 g TK-Erbsen zubereiten (dann den Spargel
und die Kapern weglassen). Die Erbsen können gefroren
unter die Eiermilch gemischt werden.

1 x kochen, 2 x essen: Auch Aufläufe können eingefroren
werden. Sie werden danach angetaut und im Backofen
bei 200 °C erhitzt. Damit sie nicht zu sehr austrocknen,
mit etwas Butter bepinseln und abdecken.

⋮ Tipp

Nudelaufläufe eignen sich besonders gut, um gegarte Nu-
delreste zu verwerten. Es bietet sich auch an, die Nudeln bereits vorzukochen, z. B. die doppelte Menge zu garen, wenn
man sowieso ein Pastagericht zubereitet. Nudeln können im
Kühlschrank bis zu 2 Tage aufbewahrt werden.

Gemüse-Hirsotto

250 ml	Gemüsebrühe
1 dünne Stange	Porree
125 g	Möhren
100 g	Hirse
100 g	TK-Erbsen
100 g	würziger Schnittkäse
	(z. B. Greyerzer oder Appenzeller)
	gemischte TK-Kräuter
1 TL	Butter oder Margarine
	Jodsalz, Pfeffer aus der Mühle

Für 2 Portionen

1. Die Gemüsebrühe in einem Topf zum Kochen bringen. Inzwischen das Gemüse putzen und den Porree in feine Ringe und die Möhren in dünne Scheiben schneiden. Zusammen mit der Hirse im geschlossenen Topf etwa 10 Minuten kochen.
2. Die Erbsen hinzufügen und alles weitere 10 Minuten kochen. Inzwischen den Käse fein reiben.
3. Käse, Kräuter und Butter oder Margarine unter das fertige Gericht rühren und mit Salz und Pfeffer abschmecken.

1 x kochen, 2 x essen: Zum Einfrieren das Gericht ohne Käse, Kräuter und Butter zubereiten, diese Zutaten erst nach dem Auftauen zufügen.

Gemüsecouscous

1	kleine Möhre
1	Knoblauchzehe
1 EL	Olivenöl
150 g	Brokkoli, alternativ TK-Ware
125 g	Paprika in Streifen, alternativ TK-Ware
100 g	TK-Erbsen
1 TL	Currypulver
1 Msp.	Harissa (nordafrikanische Würzpaste, ersatzweise 1 Prise Chilipulver)
	Jodsalz, Pfeffer aus der Mühle
250 ml	Gemüsebrühe
100 g	Instant-Couscous
3 TL	Sesamsaat
¼ Bund	glatte Petersilie, gehackt

Für 2 Portionen

1. Die Möhre in kleine Würfel schneiden. Den Knoblauch schälen und durchpressen. Das Öl in einer Pfanne erhitzen, Möhre und Knoblauch darin andünsten.
2. Das tiefgekühlte Gemüse, Curry und Harissa dazugeben. Mit Salz und Pfeffer würzen. Die Brühe dazugießen, aufkochen und alles bei geringer Hitze 5 Minuten köcheln lassen. Den Couscous einstreuen, umrühren und kurz aufkochen. Auf der ausgeschalteten Herdplatte zugedeckt 5 Minuten quellen lassen. Gegebenenfalls noch etwas Brühe angießen.
3. Den Sesam in einer Pfanne ohne Fett anrösten. Den Couscous mit Sesam und Petersilie bestreut servieren.

1 x kochen, 2 x essen: Zum Einfrieren das Gericht bis einschließlich Schritt 2 zubereiten und nach dem Auftauen mit Sesam und Petersilie anrichten.

Erbsen-Kartoffel-Gemüse

375 g	große Kartoffeln
100 ml	Gemüsebrühe
225 g	TK-Erbsen
65 g	saure Sahne
1 TL	Mehl
½ Pk.	TK-Dill
	Salz, Pfeffer aus der Mühle
	frisch geriebene Muskatnuss

Für 2 Portionen

1. Die Kartoffeln schälen und würfeln. Inzwischen die Gemüsebrühe in einem Topf aufkochen und die Kartoffeln hineingeben. 15 Minuten garen. Während der letzten 7 Minuten der Garzeit die Erbsen mitgaren.
2. Inzwischen die saure Sahne mit dem Mehl verrühren. Den Topf vom Herd ziehen und die Mischung unterrühren. Den Dill unterheben. Das Ganze mit Salz, Pfeffer und Muskatnuss abschmecken.

1 x kochen, 2 x essen: Das Gericht kann bis einschließlich Schritt 1 vorbereitet und eingefroren werden. Die Sahne darf immer erst nach dem Auftauen zugefügt werden, da sie sonst ausflockt.

Tipp

Das Gemüse passt besonders gut zu Fisch, der während der Garzeit gebraten oder gedünstet werden kann. Alternativ kann man auch in mundgerechte Stücke geschnittenes Fischfilet (ca. 125 g pro Portion) zusammen mit den Erbsen hinzufügen und mitgaren.

Gnocchi-Gratin

250 g	Gnocchi aus dem Kühlregal	Für 2 Portionen
	Jodsalz	
½	Knoblauchzehe	
	Fett für die Form	
½ Dose	stückige Tomaten (200 g)	
	Pfeffer	
	Salz	
	Chilipulver	
½ Kugel	Mozzarella (ca. 65 g)	
2 Zweige	Basilikum	

1. Die Gnocchi nur ganz kurz in Salzwasser kochen (höchstens halb so lang wie auf der Packung angegeben). In ein Sieb abgießen, gut abtropfen lassen und in eine mit Knoblauch ausgeriebene und gefettete flache, ofenfeste Form geben.
2. Die stückigen Tomaten mit Pfeffer, Salz und Chilipulver würzen, auf den Gnocchi verteilen. Den Mozzarella in Scheiben schneiden und auf dem Gericht verteilen. Die Form auf der 2. Einschubleiste von unten im auf 220 °C (Umluft: 200 °C) vorgeheizten Backofen etwa 10 Minuten überbacken.
3. Die Basilikumblättchen von den Zweigen zupfen und das Gratin damit bestreut servieren.

Variation:

Für dieses Gratin eignet sich auch gefüllte Pasta aus dem Kühlregal, z. B. Tortellini, die ebenfalls eine sehr kurze Garzeit hat.

Kartoffel-Gemüse-Pfanne

400 g	Kartoffeln	
150 g	Möhren	
1 EL	Rapsöl	
5	Frühlingszwiebeln	
125 g	Champignons	
50 ml	Gemüsebrühe	
60 g	Schmand	
1 EL	geriebener Käse	
	(z. B. Greyerzer, Bergkäse)	
1 EL	gehackte Basilikumblätter	

Für 2 Portionen

1. Die Kartoffeln schälen und der Länge nach in schmale Spalten schneiden. Die Möhren schräg in schmale Scheiben schneiden.
2. Das Öl in einer großen, beschichteten Pfanne erhitzen und Kartoffeln und Möhren darin bei mittlerer Hitze unter häufigem Wenden etwa 10 Minuten braten.
3. Inzwischen die weißen und hellgrünen Teile der Frühlingszwiebeln schräg in etwa 3 cm große Stücke schneiden. Die Pilze säubern und halbieren.
4. Kartoffeln und Möhren aus der Pfanne herausnehmen. Frühlingszwiebeln und Pilze hineingeben und bei mittlerer Hitze andünsten. Kartoffeln und Möhren wieder dazugeben, mit Brühe aufgießen, den Schmand zufügen und bei geschlossenem Deckel noch 5 Minuten garen.
5. Den Deckel öffnen, eventuell überschüssige Flüssigkeit verdampfen lassen. Das Gericht mit dem geriebenen Käse und dem Basilikum bestreuen.

Möhren-Zucchini-Gratin

375 g	Möhren, alternativ TK-Ware
	Jodsalz
250 g	Zucchini
	Fett für die Form
	Pfeffer aus der Mühle
¼ Bund	frischer Thymian
	(oder 1 TL getrockneter)
50 g	geriebener Käse (z. B. Stilfser
	oder mittelalter Gouda)

Für 2 Portionen

1. Die Möhren putzen, in Scheiben schneiden und 5 Minuten in Salzwasser garen. Inzwischen die Zucchini in Scheiben schneiden, dazugeben und noch 3 Minuten garen. Abgießen und abtropfen lassen.
2. Eine flache Auflaufform fetten, die Gemüsescheiben dachziegelartig einschichten, mit Salz, Pfeffer und Thymian würzen. Den Käse darüberstreuen.
3. Das Gratin im auf 225 °C vorgeheizten Backofen auf der obersten Einschubleiste etwa 6 Minuten überbacken, bis der Käse gebräunt ist.

Variation:
Mischen Sie 25 g gehackte Haselnusskerne mit dem Käse.

Tipp

Während das Gratin gart, können Sie dazu dünne Schnitzel, Fischfilets oder ein Rührei braten.

Grüner Spargel mit Bozener Sauce

Für 2 Portionen

2	Eier
1 TL	mittelscharfer Senf
1 EL	Weißweinessig
1 Spritzer	Zitronensaft
	Jodsalz, Pfeffer aus der Mühle
	etwas Zucker und Butter
	oder Margarine
	Schnittlauch
1 kg	grüner Spargel
1 EL	Rapsöl
75 g	Schinken nach Wahl (z. B. luftgetrockneter oder gekochter)

1. Die Eier in kaltem Wasser aufsetzen und in ca. 8 Minuten hart kochen, dann kalt abschrecken. Die Eier pellen. Das Eigelb in einer Schüssel mit Senf, Essig und Zitronensaft gut verrühren, mit Salz und Pfeffer abschmecken. Das Eiweiß fein hacken.
2. Inzwischen wenig Wasser in einem breiten Topf oder einem Wok (der Spargel sollte quer liegend hineinpassen) zum Kochen bringen, etwas Salz, Zucker und Butter oder Margarine hineingeben. Vom grünen Spargel die Enden abschneiden, eventuell den unteren Teil der Stangen schälen. Den Spargel 5 Minuten dünsten.
3. Den Spargel abgießen und auf einer vorgewärmten Servierplatte im Backofen warm stellen. Das Öl langsam zur Eigelbmasse gießen, dabei ständig rühren. Den Schnittlauch mit einer Küchenschere in Röllchen schneiden und mit den Eiweißwürfeln unter die Sauce heben.
4. Den Spargel mit der Sauce und dem Schinken anrichten.

Tipp

Der grüne Spargel ist weniger aufwendig vorzubereiten als der weiße und harmoniert perfekt mit der aromatischen Sauce.

Wirsinggemüse mit Eiern

½ kleiner Kopf	Wirsing (ca. 350 g)	Für 2 Portionen
1 TL	Rapsöl	
25 g	roher Schinken, gewürfelt	
200 ml	Gemüsebrühe	
2	Eier	
50 g	saure Sahne	
1 TL	Mehl	
1 EL	mittelscharfer Senf	
	Jodsalz, Pfeffer aus der Mühle	
1 EL	TK-Petersilie	

1. Den Wirsing vierteln, den Strunk herausschneiden und die Wirsingblätter quer in schmale Streifen schneiden. In einem Sieb waschen und abtropfen lassen.
2. Das Öl in einer großen Pfanne oder einem Topf erhitzen und die Schinkenwürfel darin knusprig braten. Den Wirsing zufügen, andünsten und mit Gemüsebrühe ablöschen. Zugedeckt 5 Minuten bei mittlerer Hitze garen.
3. Die Eier in kaltem Wasser aufsetzen und zum Kochen bringen. In 5 Minuten wachsweich kochen. Die Eier kalt abschrecken, pellen und halbieren. Inzwischen die saure Sahne mit dem Mehl verrühren und zusammen mit dem Senf unter den Wirsing rühren. Ohne Deckel einige Minuten einkochen lassen. Mit Salz und Pfeffer abschmecken.
4. Den Wirsing zusammen mit den Eiern anrichten und mit Petersilie bestreuen.

Variation:
Anstelle von Eiern können Sie das Wirsinggemüse auch mit 250 g Schupfnudeln aus dem Kühlregal servieren.

1 x kochen, 2 x essen: Das Gericht kann bis einschließlich Schritt 2 vorbereitet und eingefroren werden.

Tomaten-Brot-Gratin

400 g	Fleischtomaten
4	Scheiben Weißbrot
125 g	Mozzarella
	Jodsalz, Pfeffer aus der Mühle
1 EL	Olivenöl
1 Zweig	frisches Basilikum

Für 2 Portionen

1. Die Tomaten in dünne Scheiben schneiden, die Brotscheiben halbieren. Den Mozzarella ebenfalls in dünne Scheiben schneiden.
2. Die vorbereiteten Zutaten in eine flache Auflaufform schichten und mit Salz und Pfeffer würzen. Mit Olivenöl beträufeln und im Backofen auf der mittleren Einschubleiste bei 220 °C (Umluft: 200 °C) etwa 20 Minuten garen, bis der Käse geschmolzen ist.
3. Inzwischen die Basilikumblätter in Streifen schneiden. Das Gratin mit Basilikum bestreut servieren.

Tipp

Falls Sie noch Fleisch dazu essen möchten, passen gebratene Hähnchenschenkel oder Lammkoteletts sehr gut.

Gemüse-Walnuss-Frittata

1	Paprika (ca. 200 g)
1	Fenchelknolle
1	kleine Zwiebel
20 g	gehackte Nüsse nach Wahl
1 TL	Rapsöl
2	Eier
1 EL	Joghurt, fettarm
1 TL	frisch geriebener Parmesan
2 Scheiben	Vollkornbrot

Für 2 Portionen

1. Die Paprika in Streifen schneiden. Den Fenchel halbieren und ebenfalls fein schneiden. Die Zwiebel pellen und hacken.
2. Das Öl in einer großen, beschichteten Pfanne erhitzen. Die Paprika mit der Zwiebel, dem Fenchel und den Nüssen darin andünsten.
3. Die Eier mit dem Joghurt verquirlen und über das Gemüse geben. Das Ganze unter Rühren garen, bis die Eier anfangen zu stocken. Die Frittata sollte nicht zu trocken sein. Mit Parmesan bestreut servieren. Das Vollkornbrot dazu reichen.

1 x kochen, 2 x essen: Pfannkuchen und Omeletts können eingefroren und an- oder aufgetaut im Backofen erwärmt werden.

Tortilla (Spanisches Omelett)

200 g	gegarte Kartoffeln	Für 2 Portionen
1	kleine Gemüsezwiebel	
1	rote Paprika (ca. 200 g)	
½	Zucchini	
½ Glas	Artischockenherzen	
	(abgetropft 200 g)	
2	Eier	
1 TL	Milch, fettarm	
	Jodsalz, Pfeffer aus der Mühle	
2 EL	Rapsöl	
1 EL	TK-Petersilie	

1. Die Kartoffeln in Scheiben schneiden. Die Zwiebel und die Paprikaschoten in dünne Ringe schneiden. Die Zucchini in dünne Scheiben schneiden. Die Artischocken gut abtropfen lassen.
2. Die Eier mit der Milch verquirlen und mit Salz und Pfeffer würzen. Das Öl in einer Pfanne erhitzen. Die Zwiebeln, die Paprikaringe und die Kartoffelscheiben darin etwa 5 Minuten andünsten. Dann die Zucchini zufügen und noch weitere 2 Minuten dünsten.
3. Die Artischocken und die Eiermilch dazugeben und zugedeckt bei kleiner Hitze etwa 5 Minuten stocken lassen.
4. Die Tortillas wenden (das geht am besten mithilfe eines Tellers) und von der anderen Seite noch kurz bräunen. Mit Petersilie bestreut servieren.

⋮ Tipp

In der Tortilla können Sie prima gegarte Kartoffeln verwerten. Die Kartoffeln können auch durch Gemüse ersetzt werden, dann noch Bauernbrot dazu reichen. Wenn Sie die Tortillas rund haben wollen, dann bereiten Sie sie aufgeteilt in zwei Pfannen zu. Sollten Artischocken (aus dem Glas) übrig bleiben, können Sie diese mit dem Pastarezept ⋯⋗ Seite 145 aufbrauchen.

Gemüse-Eierpfanne

3	Fleischtomaten	Für 2 Portionen
1	Gemüsezwiebel	
1 TL	Butter oder Margarine	
2 Scheiben	Frühstücksspeck	
2	Eier	
	Jodsalz, Pfeffer aus der Mühle	
2 EL	TK-Schnittlauch	
2 Scheiben	Schwarzbrot	

1. Die Fleischtomaten in etwa ½ cm dicke Scheiben schneiden, die Gemüsezwiebel in feine Ringe schneiden.
2. Die Butter oder Margarine in einer großen, beschichteten Pfanne erhitzen. Die Zwiebelringe und den Speck darin bei mittlerer Hitze andünsten. Die Tomaten zufügen und mitdünsten.
3. Die Eier aufschlagen und in die Pfanne geben. Bei geringer Hitze in etwa 4 Minuten stocken lassen. Mit Salz und Pfeffer würzen und mit Schnittlauch bestreuen. Mit dem Schwarzbrot servieren.

Tipp

Das Gericht kann auch für 4 Portionen zubereitet werden. Dann sollten Sie mit zwei Pfannen parallel arbeiten.

Schweinemedaillons in Meerrettich-Apfel-Sauce

Für 2 Portionen

300 g	Schweinefilet
2	Frühlingszwiebeln
1	kleiner, säuerlicher Apfel
1 EL	Rapsöl
	Jodsalz, Pfeffer aus der Mühle
75 ml	Gemüsebrühe
50 g	Schmand
1 EL	Sahnemeerrettich (aus dem Glas)
1–2 TL	Mehl zum Andicken (bei Bedarf)

1. Das Schweinefilet mit einem scharfen Messer in 4 Medaillons schneiden. Die Frühlingszwiebeln in Ringe schneiden, das Grün beiseitestellen. Den Apfel würfeln.
2. Das Öl in einer großen Pfanne erhitzen, das Fleisch darin bei großer Hitze ringsherum anbraten, mit Salz und Pfeffer würzen. Die weißen Teile der Frühlingszwiebeln und die Apfelwürfel hinzufügen und alles bei mittlerer Hitze 8 Minuten weiterbraten.
3. Das Fleisch herausnehmen. Brühe, Schmand und Meerrettich in die Pfanne geben und alles unter Rühren aufkochen lassen. Bei Bedarf mit etwas Mehl andicken. Das Fleisch wieder in die Pfanne geben und noch 2–3 Minuten in der Sauce erwärmen. Die Sauce mit Salz und Pfeffer abschmecken und mit Frühlingszwiebelgrün bestreut servieren.

Tipp

Ein feines Essen, das auch für die Gästebewirtung geeignet ist. Wenn keine Kinder mitessen, können Sie die Sauce mit 1 EL Calvados aromatisieren. Als Beilagen schmecken Baguette, Kartoffeln oder Bandnudeln sowie ein gemischter Salat.

Steaks mit Paprikasauce

2	Schalotten	Für 2 Portionen
1 EL	Rapsöl	
2	Rindersteaks (à ca. 120 g)	
	Jodsalz, Pfeffer aus der Mühle	
1 Msp.	getr. Thymian	
2 TL	Ajvar	
60 ml	Gemüsebrühe	
50 g	Schmand	
1 TL	Mehl	

1. Die Schalotten schälen und in Ringe schneiden. Das Rapsöl in einer Pfanne erhitzen. Die Steaks mit Salz und Pfeffer würzen und in der Pfanne von beiden Seiten je 2–3 Minuten braten, anschließend in Alufolie wickeln und warm stellen.
2. Die Schalotten im Bratfond glasig dünsten, Thymian und Ajvar zugeben und mit Gemüsebrühe ablöschen. Den Schmand mit dem Mehl verrühren, in den Fond rühren und bei mittlerer Hitze 1 Minute köcheln. Mit Salz und Pfeffer abschmecken.
3. Die Steaks zusammen mit der Sauce auf Tellern anrichten.

⋮ Tipps

• Dazu passen Bandnudeln, 10-Minuten-Reis oder Kartoffelspalten (TK-Produkt), die Sie gleichzeitig mit den Steaks zubereiten können. Oder Sie reichen einfach frisches Brot dazu.

• Eine schnelle Salatbeilage: Gemischte Salatblätter (aus dem Kühlregal, waschen nicht vergessen) und Kirschtomaten in einer Salatschüssel anrichten. Salz, Pfeffer, Essig und Öl bereitstellen, damit sich jeder seinen Salat bei Tisch selbst anmachen kann.

Lammkoteletts mit Zaziki-Sauce

2	kleine Schalotten
2 Zweige	frische Minze
4	kleine Lammkoteletts (300 g mit Knochen)
	Jodsalz, Pfeffer aus der Mühle
1 EL	Rapsöl
1 EL	getr. Kräuter der Provence
70 g	Zaziki (Fertigprodukt aus dem Kühlregal oder ---> Rezept Seite 104)
1 Msp.	abgeriebene Schale von einer Biozitrone

Für 2 Portionen

1. Die Schalotten pellen und hacken. Die Minzeblättchen abzupfen und ebenfalls hacken, beides beiseitestellen.
2. Die Lammkoteletts mit Salz und Pfeffer würzen. Das Öl in einer Pfanne erhitzen und die Koteletts darin von jeder Seite 2–3 Minuten braten. Mit den Kräutern bestreuen und warm stellen.
3. Die Schalotten im Bratfett glasig dünsten. Das Zaziki hineingeben und unter Rühren bei sanfter Hitze erwärmen. Minzeblättchen und Zitronenschale unter die Sauce heben. Die Zaziki-Sauce zusammen mit den Lammkoteletts auf Tellern anrichten.

 Tipp

Als schnelle Beilage servieren Sie dazu Fladenbrot und einen Tomatensalat (oder einfach in Scheiben geschnittene Tomaten).

Rinderfilet mit Gemüse aus dem Wok

100 g	Rinderfilet
1 TL	geriebener Meerrettich (frisch oder aus dem Glas)
2 TL	Rapsöl
100 g	dünner grüner Spargel
100 g	Chinakohl
1 kleine Stange	Porree
10 g	frische Ingwerwurzel
3 TL	Sojasauce
20 g	geröstete Erdnüsse

(plus 30 Minuten Marinierzeit)

Für 2 Portionen

1. Das Rinderfilet in feine Scheiben schneiden. Mit Meerrettich und 1 Teelöffel Rapsöl einreiben und abgedeckt 30 Minuten im Kühlschrank durchziehen lassen.
2. Die Spargelstangen im unteren Drittel schälen, die Enden abschneiden und die Spargelstangen längs halbieren, dann quer in Stücke schneiden. Den Chinakohl in Streifen schneiden. Den Porree in Ringe schneiden. Die Erdnüsse grob hacken. Den Ingwer schälen und fein schneiden oder durch eine Knoblauchpresse drücken.
3. Restliches Öl im Wok erhitzen. Rinderfilet im heißen Öl anbraten, an den Rand des Woks schieben.
4. Spargel in die Mitte geben, etwa 2 Minuten unter Rühren braten, ebenfalls an den Rand schieben. Chinakohl, Porree und Ingwer in die Mitte geben und weitere 2 Minuten unter Rühren braten. Alles mischen und mit Sojasauce würzen. Mit Erdnüssen bestreut servieren.

Tipp

Servieren Sie dazu 200 g asiatische Glasnudeln oder Eiernudeln. Mit ihrer kurzen Garzeit sind sie die perfekte Beilage zu Wokgerichten.

Rindergeschnetzeltes mit buntem Gemüse

Für 2 Portionen

1	kleine Gemüsezwiebel
250 g	grüne Paprika
1 EL	Rapsöl
200 g	Rindergeschnetzeltes
	Paprikapulver rosenscharf
	(oder Chilipulver)
	Jodsalz, Pfeffer aus der Mühle
½ Dose	stückige Tomaten (200 g)
½ Dose	Mais (ca. 142 g Abtropfgewicht)
1 TL	TK-Petersilie

1. Die Zwiebel würfeln, die Paprika in Streifen schneiden. Das Öl in einer großen Pfanne erhitzen, das Fleisch darin ringsherum anbraten, dann die Zwiebel und die Paprika zugeben und alles unter Rühren etwa 5 Minuten dünsten. Kräftig mit Paprikapulver sowie mit Salz und Pfeffer würzen.
2. Die Tomaten und den Mais zugeben, einen Deckel auflegen und alles bei mittlerer Hitze noch 10 Minuten garen. Zum Schluss die Petersilie unterheben.

1 x kochen, 2 x essen: Das unkomplizierte Gericht eignet sich bestens zum Einfrieren. Die Petersilie erst nach dem Auftauen zugeben.

Tipps

- Als unaufwendige Beilage schmecken dazu Nudeln (z. B. Bandnudeln oder Spätzle) oder Reis.
- Den restlichen Mais können Sie für das Rezept „Chili-Hähnchen", Seite 172, verwenden; die halbe Dose stückige Tomaten für das „Blumenkohlgratin mit Reis", Seite 171.

Blumenkohlgratin mit Reis

350 g	Blumenkohl, alternativ: TK-Ware
	Jodsalz
1	kleine Zwiebel
1 TL	Rapsöl
200 g	gemischtes Hackfleisch
½ Dose	stückige Tomaten (200 g)
	Pfeffer aus der Mühle
1 TL	getr. Thymian
50 g	Schmand
30 g	geriebener Käse
	(z. B. aus dem Kühlregal)
100 g	10-Minuten-Naturreis

Für 2 Portionen

1. Den Blumenkohl in Salzwasser etwa 4 Minuten kochen, dann abgießen, kalt abschrecken und abtropfen lassen.
2. Die Zwiebel fein würfeln. Das Öl in einer Pfanne erhitzen und das Fleisch darin bei starker Hitze krümelig anbraten. Die Zwiebel zufügen und mitbraten. Die Tomaten zufügen und unter Rühren alles 5 Minuten garen, nach Bedarf noch etwas Wasser zufügen. Mit Salz, Pfeffer und Thymian würzen.
3. Die Hackfleischsauce in eine flache Auflaufform geben und die Blumenkohlröschen daraufsetzen. Den Schmand mit dem Käse verrühren und mit einem Esslöffel auf dem Blumenkohl verteilen.
4. Das Gratin im Backofen bei 220 °C (Umluft 200 °C) im vorgeheizten Backofen auf der mittleren Einschubleiste etwa 10 Minuten überbacken.
5. Inzwischen den Reis nach Packungsanleitung in Salzwasser in 10 Minuten gar kochen, anschließend abgießen und abtropfen lassen. Den Reis zusammen mit dem Gratin servieren.

Chili-Hähnchen

250 g	Hähnchenbrustfilet
1	rote Chilischote
2	Frühlingszwiebeln
1	Knoblauchzehe
1 EL	Rapsöl
1 Dose	stückige Tomaten (400 g)
½ Dose	Mais (ca. 142 g Abtropfgewicht)
1 EL	Erdnussbutter
	Jodsalz, Pfeffer aus der Mühle
1 TL	Zucker oder Honig
½ Bund	Koriander (ersatzweise glatte Petersilie)

Für 2 Portionen

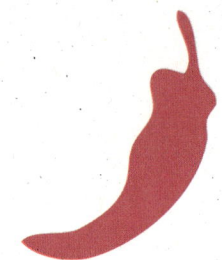

1. Das Hähnchenfleisch mit einem scharfen Messer in Streifen schneiden. Die Chilischote entkernen und in dünne Ringe schneiden. Die Frühlingszwiebeln schräg in Ringe schneiden. Die Knoblauchzehe schälen und durchpressen.
2. Das Öl in einer großen Pfanne oder einem Wok erhitzen. Das Hähnchenfleisch und die Chilischote zufügen und das Fleisch von allen Seiten braun anbraten. Frühlingszwiebeln und Knoblauch zufügen und 2–3 Minuten mitbraten.
3. Die Tomaten und den Mais hinzufügen, die Erdnusscreme einrühren. Alles zugedeckt noch 5 Minuten köcheln lassen. Das Gericht mit Salz, Pfeffer und Zucker oder Honig abschmecken und mit Kräutern bestreut servieren.

Tipps

- Dazu passen Tortillas (Fertigprodukt, nach Packungsanleitung erwärmen). Oder Sie geben 150 g kurze Wok-Nudeln zusammen mit den Tomaten hinzu und garen diese 5 Minuten.
- Den restlichen Mais können Sie für das Rezept „Rindergeschnetzeltes mit buntem Gemüse" Seite 170 verwenden.

1 x kochen, 2 x essen: Das Gericht kann gut eingefroren werden. Die Kräuter erst nach dem Auftauen zufügen.

Geflügelpfanne mit Aprikosen

250 g	Puten- oder Hähnchenbrust
etwas	Chilipulver
2 Stangen	Staudensellerie
250 g	feste Aprikosen
1 EL	Rapsöl
125 ml	Gemüsebrühe
1 cm	frischer Ingwer
1 EL	süß-saure Chilisauce (Fertigprodukt)
1 TL	Mehl
	Jodsalz, Pfeffer aus der Mühle
25 g	Cashewkerne

Für 2 Portionen

1. Das Fleisch in Streifen schneiden und mit etwas Chilipulver bestäuben. Den Sellerie in 1 cm lange Stücke schneiden, die Aprikosen halbieren, entkernen und vierteln.
2. Das Öl in einer großen Pfanne oder einem Wok erhitzen und das Fleisch darin rundherum scharf anbraten, dann herausnehmen. Den Sellerie in der Pfanne anbraten, dann mit Brühe ablöschen und zugedeckt etwa 5 Minuten garen.
3. Inzwischen den Ingwer schälen und fein hacken. Ingwer, Aprikosen und Chilisauce zugeben und alles nochmals 2 Minuten garen. Das Mehl mit etwas kaltem Wasser anrühren, hinzufügen und aufkochen lassen. Das Fleisch zufügen und alles noch 3 Minuten köcheln lassen. Mit Salz und Pfeffer abschmecken und mit den Cashewkernen bestreut servieren.

Tipp

Als Beilage passt Reis. Wenn Sie ihn am Anfang aufsetzen, ist er zusammen mit dem Geschnetzelten fertig.

1 x kochen, 2 x essen: Das Gericht kann gut eingefroren werden. Die Cashewkerne erst nach dem Auftauen zufügen.

Curryhuhn

Für 2 Portionen

1	Zwiebel
1 EL	Butter oder Margarine
3 TL	Mehl
250 ml	heiße Hühnerbrühe
250 g	gekochtes oder gebratenes Hühnerfleisch
½ kleine Dose	Aprikosen
1 EL	Rosinen
1 EL	Currypulver
1 EL	Zitronensaft
	Jodsalz, Pfeffer aus der Mühle

1. Die Zwiebel schälen und fein hacken. Die Butter in einem Topf erhitzen und die Zwiebelwürfel im heißen Fett glasig dünsten. Das Mehl dazugeben und unter Rühren eine Mehlschwitze zubereiten. Mit Hühnerbrühe aufgießen und kurz aufkochen.
2. Das Fleisch falls nötig enthäuten und in mundgerechte Stücke schneiden. Die Aprikosen abspülen und gut abtropfen lassen. Zusammen mit den Rosinen zur Sauce geben und kurz erhitzen, bis die Rosinen etwas aufgequollen sind.
3. Das Ganze mit Curry, Zitronensaft, Salz und Pfeffer abschmecken. Einige Minuten ziehen lassen.

Dazu passt am besten Reis.

Tipp

Für dieses Rezept können Sie Reste vom Brat- oder Suppenhuhn verwerten. Oder Sie kaufen gebratenes Hühnerfleisch beim Metzger oder abgepacktes aus dem Kühlregal.

Geflügelspieße

½	kleine Zucchini
100 g	rote Paprika
200 g	Hähnchenbrustfilet
10	Cocktailtomaten
	Jodsalz, Pfeffer aus der Mühle
3 TL	Rapsöl
1	Knoblauchzehe
30 g	Kräuterbutter

Für 2 Portionen

1. Die Zucchini längs halbieren und in 0,5 cm dicke Scheiben schneiden. Die Paprika in 2 cm große Stücke schneiden. Das Hähnchenfleisch in 2 cm große Würfel schneiden.
2. Zucchini, Paprika, Hähnchen und Cocktailtomaten abwechselnd auf 2 Schaschlikspieße stecken. Mit Salz und Pfeffer würzen. Das Öl in einer Pfanne erhitzen und die Spieße etwa 8 Minuten bei mittlerer Hitze rundherum anbraten, 2 Minuten vor Ende der Garzeit die Knoblauchzehe dazupressen und mitgaren.
3. Die Geflügelspieße zusammen mit der Kräuterbutter anrichten.

Dazu frisches Brot reichen.

Puten-Gemüse-Wok mit Nudeln

2	Putenschnitzel (à ca. 150 g)	Für 2 Portionen
1 TL	Currypulver	
1 Msp.	zerstoßener Koriander	
1 TL	Sojasauce	
2	kleine Möhren	
1 EL	Rapsöl	
150 ml	Gemüsebrühe	
125 g	grüne Bohnen (TK-Produkt)	
125 g	Wok-Nudeln	
1 Dose	Mais (285 g Abtropfgewicht)	
	Jodsalz, schwarzer Pfeffer aus	
	der Mühle	
1 EL	TK-Petersilie	

1. Das Putenfleisch in 2 cm große Würfel schneiden. Mit etwas Currypulver bestäuben, mit Koriander bestreuen und mit der Sojasauce beträufeln. Die Möhren in dünne Scheiben schneiden.
2. Das Öl in einem Wok (oder einer großen Pfanne) erhitzen, die Putenwürfel und die Möhrenscheiben darin 3 Minuten von allen Seiten anbraten. Mit der Gemüsebrühe ablöschen, die grünen Bohnen zufügen und 10 Minuten garen.
3. 5 Minuten vor Ende der Garzeit die Wok-Nudeln zugeben und mitgaren. Kurz vor Ende der Garzeit den Mais abtropfen lassen, zufügen und erwärmen. Mit dem Currypulver, Salz und Pfeffer pikant abschmecken. Mit Petersilie bestreut servieren.

1 x kochen, 2 x essen: Das Gericht kann gut eingefroren werden. Die Wok-Nudeln dann besser weglassen und – wie auch die Kräuter – erst nach dem Auftauen zufügen.

Gurken-Fisch-Ragout

1	Salatgurke	Für 2 Portionen
1	Zwiebel	
300 g	Fischfilet, mit MSC-Siegel	
	(···⟩ Seite 52)	
1 EL	Rapsöl	
1 TL	Mehl	
100 ml	Fischfond oder Gemüsebrühe	
60 g	Schmand	
1 TL	Zitronensaft	
1 EL	Dijon-Senf	
	Jodsalz, Pfeffer aus der Mühle	
1 EL	TK-Dill	

1. Die Salatgurke schälen, längs halbieren und mit einem Löffel aushöhlen. Die Gurkenhälften in Scheiben schneiden. Die Zwiebel schälen und in Ringe schneiden. Das Fischfilet in Streifen schneiden.
2. Das Öl in einem Topf erhitzen und die Zwiebel darin andünsten, mit Mehl bestäuben und anschwitzen. Die Gurke zufügen und andünsten. Den Fischfond, den Schmand, den Zitronensaft und den Senf unterrühren.
3. Das Fischfilet hinzufügen und alles bei geringer Hitze etwa 5 Minuten gar ziehen lassen. Zum Schluss den Dill unterrühren und mit Salz und Pfeffer abschmecken. Dazu passen Salzkartoffeln oder Kartoffelbrei.

1 x kochen, 2 x essen: Wenn Sie das Gericht einfrieren wollen, lassen Sie den Schmand weg und fügen ihn erst nach dem Auftauen hinzu.

Tipp

Wenn Sie frischen Estragon bekommen, können Sie das Gericht auch damit zubereiten. Verwenden Sie ihn sparsam, er hat einen sehr ausgeprägten Geschmack.

Tipp

Wenn Sie sich zusätzlich über Fisch informieren möchten, können Sie sich auf der Homepage des WWF einen Fischführer herunterladen: www.wwf.de/fischratgeber.

Fischpäckchen mit Pasta

150 g	Spaghetti	(plus 20 Minuten
	Jodsalz	Backzeit)
1	Knoblauchzehe	
125 g	Kirschtomaten	Für 2 Portionen
25 g	entsteinte schwarze Oliven	
2 EL	grünes Pesto	
	Pfeffer aus der Mühle	
2	Fischfilets (à ca. 125 g), mit	
	MSC-Siegel (⋯⟩ Seite 52)	
2 TL	Olivenöl	

1. Die Nudeln etwa 6 Minuten in Salzwasser kochen, sie sollten noch sehr bissfest sein. Abgießen und kalt abschrecken. Den Knoblauch schälen und durchpressen. Die Kirschtomaten halbieren.
2. Die Nudeln in einer großen Schüssel mit Knoblauch, Kirschtomaten, Oliven und Pesto mischen. Mit Salz und Pfeffer abschmecken. 2 große Bogen Pergamentpapier nebeneinander auf eine Arbeitsfläche legen. Die Nudelmischung darauf verteilen.
3. Je 1 Fischfilet auf die Nudeln setzen, etwas Olivenöl draufgeben und leicht salzen und pfeffern. Das Papier locker um die Füllung schlagen und die Päckchen verschließen.
4. Die Päckchen nebeneinander auf ein Backblech setzen und im vorgeheizten Backofen bei 225 °C (Umluft: 200 °C) etwa 20 Minuten garen.

Gemüse-Lachs-Curry

1	kleine Zwiebel
1	gelbe Paprikaschote
200 g	Zuckerschoten
250 g	Lachsfilet
1 TL	Rapsöl
	Currypulver
100 ml	Gemüsebrühe
100 ml	Orangensaft
	Jodsalz, Pfeffer aus der Mühle
1 EL	gehackte Basilikumblätter

Für 2 Portionen

1. Die Zwiebel schälen und sehr fein würfeln. Die Paprikaschote in Würfel schneiden, die Zuckerschoten putzen. Das Lachsfilet in Würfel schneiden.
2. Das Öl in einer Pfanne mit hohem Rand oder einem Topf erhitzen und die Zwiebel darin glasig dünsten. Die Paprika zugeben, leicht andünsten. Den Curry zugeben, leicht anrösten und mit Brühe und Orangensaft ablöschen.
3. Das Fischfilet und die Zuckerschoten zugeben und alles etwa 10 Minuten garen. Mit Curry, Salz und Pfeffer abschmecken und mit Basilikum bestreut servieren.

Dazu passt Naturreis.

Zwiebel-Schinken-Pizza

Für den Teig:

300 g	Weizenvollkornmehl oder Weizenmehl Type 1050
1 Päckchen	Trockenhefe
1 TL	Jodsalz
1 EL	Rapsöl
200 ml	lauwarmes Wasser

(plus 20 Minuten Backzeit)

Für 8 Stücke

Für den Belag:

2	große Gemüsezwiebeln
1 EL	Rapsöl
150 g	Schinkenwürfel
200 g	Schmand
3 EL	Milch, fettarm
	Jodsalz, Pfeffer aus der Mühle
	frisch geriebene Muskatnuss
1 Pk.	TK-Schnittlauch

1. Mehl mit der Trockenhefe vermischen. Alle weiteren Zutaten zugeben und mit den Knethaken des Mixers zu einem glatten Teig verarbeiten. Den Teig abgedeckt ca. 30 Minuten gehen lassen. Dann noch einmal kurz mit den Händen durchkneten und auf einem Backblech ausrollen.
2. Die Zwiebeln schälen und in dünne Ringe schneiden. Das Öl in einer Pfanne erhitzen, die Zwiebeln darin dünsten. Die Schinkenwürfel unterheben.
3. Den Schmand mit der Milch verrühren, mit Salz, Pfeffer und Muskatnuss würzen und den Schinken und die Zwiebeln unterheben.

4. Den Belag gleichmäßig auf dem Teig verteilen. Die Pizza auf der 1. Einschubleiste von unten im vorgeheizten Backofen bei 200 °C (Umluft: 180 °C) etwa 20 Minuten backen. Mit Schnittlauch bestreut servieren.

Tipp

Bei frischer Hefe reicht ein halber Würfel (ca. 20 g). Diesen dann im lauwarmen Wasser auflösen und zu den anderen Zutaten geben.

Hier noch ein Turbo-Pizzateigrezept:

300 g	Mehl
150 ml	Wasser
1 EL	Rapsöl
½ TL	Salz
2 TL	Backpulver

Alle Teigzutaten mit den Knethaken des Mixers zu einem glatten Teig verarbeiten und wie unten beschrieben auf einem Backblech ausrollen.

Tipp

Teige lassen sich schnell und einfach ausrollen und kleben nicht an der Kuchenrolle fest, wenn Sie einen Bogen Backpapier auf die Arbeitsfläche legen, darauf den Teig geben, darüber eine Frischhaltefolie legen und dann den Teig ausrollen. Hat der Teig die richtige Größe, legen Sie das Backpapier auf das Blech.

Porree-Blechkuchen

Für den Teig:

150 g	Magerquark
70 ml	Milch, fettarm
70 ml	Öl
1 TL	Salz
300 g	Weizenvollkornmehl oder Mehl Type 1050
1	Ei
1 Pk.	Backpulver

Für den Belag:

500 g	Porree
1 EL	Rapsöl
150 g	Schinkenwürfel
200 g	Schmand
2	Eier
	Jodsalz, Pfeffer aus der Mühle
	frisch geriebene Muskatnuss

(plus 20 Minuten Backzeit)

Für 8 Stücke

1. Alle Teigzutaten mit den Knethaken des Mixers zu einem glatten Teig verarbeiten und auf ein mit Backpapier belegtes Backblech ausrollen.
2. Die weißen und hellgrünen Teile des Porrees in feine Ringe schneiden. Das Öl in einer Pfanne erhitzen, die Schinkenwürfel darin knusprig braten und herausnehmen. Den Porree in der Pfanne 2–3 Minuten dünsten.
3. Den Schmand mit den Eiern verrühren und mit Salz, Pfeffer und Muskat abschmecken. Den Speck und den Porree unterheben.
4. Den Belag gleichmäßig auf dem Teig verteilen. Den Porreekuchen auf der 2. Einschubleiste von unten bei 200 °C (Umluft: 180 °C) etwa 25–30 Minuten backen.

Pizza Margherita

Für den Teig:

300 g	Weizenvollkornmehl oder Weizenmehl Type 1050
150 ml	Wasser
1 EL	Rapsöl
½ TL	Jodsalz
2 TL	Backpulver

Für den Belag:

1 Dose	stückige Tomaten (400 g)
1 TL	getr. italienische Kräutermischung
	Jodsalz, Pfeffer aus der Mühle
125 g	Mozzarella
1 EL	Olivenöl
	einige Basilikumblättchen

(plus 25 Minuten Backzeit)

Für 8 Stücke

1. Alle Teigzutaten mit den Knethaken des Mixers zu einem glatten Teig verarbeiten und wie auf ⋯⋗ Seite 180 beschrieben auf einem Backblech ausrollen. Die Tomaten mit den Kräutern, Salz und Pfeffer abschmecken und auf dem Pizzateig verteilen.
2. Die Pizza auf der untersten Einschubleiste bei 220 °C (Umluft: 200 °C) etwa 20 Minuten backen. Den Mozzarella in Scheiben schneiden, nach 10 Minuten Backzeit auf der Pizza verteilen und das Olivenöl daraufträufeln.
3. Die Pizza mit Basilikumblättchen bestreut servieren.

Variationen:
Ergänzen Sie die Pizza mit 50 g gekochtem Schinken oder Salami, 2 Sardellenfilets und 40 g entsteinten Oliven, ½ Glas Artischockenherzen und 1 TL eingelegten Kapern.

Pikante Pfannkuchen aus dem Backofen

Für 4 Portionen

4	Eier
	Jodsalz
400 ml	Milch, fettarm
200 g	Weizenvollkornmehl oder
	Weizenmehl Type 1050
	etwas Fett für das Blech

1. Ein Backblech – oder besser noch die Saftpfanne – in den Backofen schieben und den Backofen auf 225 °C (Umluft: 200 °C) vorheizen.
2. Die Eier mit dem Schneebesen verrühren, salzen. Das Mehl gründlich unterrühren und nach und nach die Milch zugeben, sodass ein flüssiger, aber nicht zu dünner Teig entsteht.
3. Ist der Backofen vorgeheizt, das Blech herausnehmen und einfetten. Den Teig auf das Backblech geben, glatt streichen und auf der mittleren Einschubleiste etwa 12 Minuten hellbraun backen.

Variation:

Rühren Sie 2 Esslöffel TK-Kräuter oder 50 g geriebenen Käse unter den Teig.

Dazu können Sie die unterschiedlichsten Beilagen servieren. Garen Sie z. B. 250 g TK-Gemüse nach Wahl, während der Pfannkuchen backt. Die Pfannkuchen dann mit dem Gemüse und jeweils 1 Teelöffel Kräuterfrischkäse servieren.

Tipp

Das Rezept ist – anders als sonst in diesem Buch üblich – für 4 Personen berechnet, da eine kleinere Menge für das Backblech nicht geeignet ist. Wenn Sie die Pfannkuchen für 2 Personen backen möchten, können Sie die Teigmenge halbieren und in einer beschichteten Pfanne in 1 Esslöffel Öl backen.

Süße Pfannkuchen aus dem Backofen

Für 4 Portionen

4	Eier
150 g	Magerquark
1 Pk.	Vanillezucker
2 EL	Zucker oder Honig
1 Prise	Salz
140 g	Weizenvollkornmehl
ca. 350 ml	Milch, fettarm
	etwas Butter für das Backblech

1. Ein Backblech – oder besser noch die Saftpfanne – in den Backofen schieben und den Backofen auf 225 °C (Umluft: 200 °C) vorheizen.
2. Die Eier mit dem Schneebesen mit dem Quark, Vanillezucker, Zucker oder Honig und Salz verrühren. Das Mehl gründlich unterrühren und nach und nach die Milch zugeben, sodass ein flüssiger, aber nicht zu dünner Teig entsteht.
3. Ist der Backofen vorgeheizt, das Blech herausnehmen und mit der Butter fetten. Den Teig auf das Backblech geben, glatt streichen und auf der mittleren Einschubleiste etwa 12 Minuten hellbraun backen.
4. Das Backblech aus dem Ofen nehmen, den Pfannkuchen in 4 Teile schneiden und servieren. Dazu passen Zimt und Rohrohrzucker zum Bestreuen und Apfelmus aus dem Glas.

Variation:
Verteilen Sie auf dem Teig zusätzlich ein halbes Glas abgetropfte Sauerkirschen oder 250 g entsteinte und geviertelte Zwetschgen.

1 x kochen, 2 x essen: Pfannkuchen können eingefroren und an- oder aufgetaut im Backofen erwärmt werden.

Tipp
Während der Pfannkuchen backt, können Sie noch ein frisches Kompott (----> Seite 187f.) zubereiten.

Fix was Süßes

Keine Zeit für ein Dessert? Probieren Sie doch einmal unsere süßen Versuchungen. Sie sind unkompliziert, machen aber auch bei Einladungen etwas her. Die Mengenangaben lassen sich dafür problemlos verdoppeln oder verdreifachen.

Apfelkompott

75 ml	Apfelsaft
½	Biozitrone
½ Pk.	Vanillezucker
1 TL	Zucker oder Honig
375 g	Äpfel

Für 2 Portionen

1. Den Apfelsaft in einen kleinen Topf geben. Von der heiß abgewaschenen Zitrone mit einem Sparschäler einige dünne Streifen abschälen und hinzufügen. Den Vanillezucker und den Zucker oder Honig unterrühren. Alles zum Kochen bringen.
2. Die Äpfel vierteln, entkernen, achteln und in Stücke schneiden. Die Äpfel in den Topf geben und zugedeckt bei mittlerer Hitze etwa 5 Minuten dünsten.

Tipp

Das Kompott ist schnell gemacht, schmeckt besser und enthält wesentlich weniger Zucker als Fertigprodukte. Es passt beispielsweise zu Milchreis, Pfannkuchen oder den Armen Rittern (····> Seite 189).

Sauerkirschkompott

½ Glas	Sauerkirschen ohne Stein (280 g Fruchteinwaage)
½	Zimtstange
1 EL	Mehl

Für 2 Portionen

1. Die Kirschen abgießen, dabei den Saft auffangen. Die Hälfte der Kirschen in eine Schüssel geben, 100 ml Saft abmessen. Restliche Kirschen und restlichen Saft ins Glas zurückgeben, im Kühlschrank aufbewahren und in den nächsten Tagen anderweitig verwenden.
2. Die Zimtstange und den Saft – bis auf 1 Esslöffel – in einen Topf geben und aufkochen. Inzwischen die Speisestärke mit dem restlichen Kirschsaft anrühren. Dann zusammen mit den Kirschen in den Topf geben, unterrühren und kurz aufkochen lassen, bis die Flüssigkeit etwas angedickt ist. Die Zimtstange herausnehmen.

Tipp

Das Kompott passt zu Milchreis oder Grießbrei. Als Dessert ergänzt es die Zitronenquarkcreme (···⟩ Seite 191) oder schmeckt zu Vanilleeis.

Arme Ritter

2	Eier
125 ml	Milch, fettarm
½ Pck.	Vanillezucker
20 g	gemahlene Haselnüsse oder Mandeln
4 Scheiben	altbackenes Weißbrot oder Toastbrot
2 EL	Rapsöl
	Zimt und Zucker zum Bestreuen

Für 2 Portionen

1. Die Eier mit der Milch in einem tiefen Teller gründlich verrühren, den Vanillezucker unterrühren. Die Haselnüsse oder Mandeln in einen zweiten Teller geben.
2. Die Brotscheiben quer halbieren und gründlich in der Eiermilch wenden, damit sie sich gut mit Flüssigkeit vollsaugen. Anschließend in den Haselnüssen oder Mandeln wenden.
3. Das Rapsöl in einer beschichteten Pfanne erhitzen und die Brotscheiben darin bei mittlerer Hitze von beiden Seiten goldbraun ausbacken. Auf Küchenkrepp abtropfen lassen und mit Zimt-Zucker-Mischung bestreuen.

Tipp

Dazu passt ein Apfel- oder Sauerkirschkompott (⋯> Seite 187f.).

Knusprige Gnocchi

½ Pk.	Gnocchi aus dem Kühlregal (200 g)	Für 2 Portionen
40 g	Amarettini (italienische Mandelkekse)	
1 EL	Butter oder Margarine	

1. Die Gnocchi nach Packungsanleitung in kochendem Wasser garen, in ein Sieb abgießen und gründlich abtropfen lassen.
2. Inzwischen die Amaretti fein zerkrümeln. Die Butter oder Margarine in einer beschichteten Pfanne bei mittlerer Temperatur erhitzen und die Amarettibrösel darin leicht bräunen. Die abgetropften Gnocchi in die Pfanne geben und darin wenden.

Tipp

Dazu passt ein Apfel- oder Sauerkirschkompott (⟶ Seite 187f.).

Himbeercreme

200 g	TK-Himbeeren	(plus 1 Stunde Auftauzeit)
3 EL	Puderzucker	
75 g	Ricotta	
175 g	Magerquark	Für 2 Portionen
½ Pk.	Vanillezucker	

Speed-Tipp:

Eine Beerencreme kann man auch mit roter Grütze aus dem Kühlregal blitzschnell anrühren. Dann aber auf die Zugabe von Zucker verzichten, da das Fertigprodukt reichlich davon enthält.

1. Die Himbeeren etwa 1 Stunde vor der Zubereitung in ein Sieb geben und antauen lassen. Einige schöne Früchte zum Garnieren beiseitelegen, die anderen pürieren. Das Himbeerpüree mit dem Puderzucker verrühren.
2. Den Ricotta mit dem Magerquark und dem Vanillezucker glatt rühren. Das Himbeerpüree unterheben, die Creme in eine Servierschüssel füllen und mit Himbeeren garnieren. Das Dessert bis zum Servieren kalt stellen.

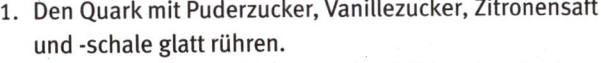

Zitronenquarkcreme

200 g	Quark (20 % F. i. Tr.)
1 EL	Puderzucker
½ Pk.	Vanillezucker
1 EL	Zitronensaft
	abgeriebene Schale von
	1 Biozitrone
30 g	Sahne (30 % Fett)
1 EL	Mandelblättchen
	einige dünne Streifen Bio-
	zitronenschale zum Garnieren

Für 2 Portionen

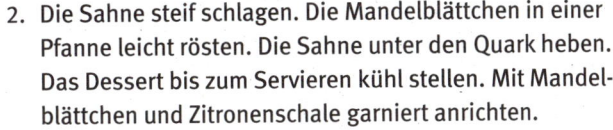

1. Den Quark mit Puderzucker, Vanillezucker, Zitronensaft und -schale glatt rühren.
2. Die Sahne steif schlagen. Die Mandelblättchen in einer Pfanne leicht rösten. Die Sahne unter den Quark heben. Das Dessert bis zum Servieren kühl stellen. Mit Mandelblättchen und Zitronenschale garniert anrichten.

Erdbeer-Vanille-Creme

250 g	Erdbeeren
1 EL	Rohrohrzucker
50 g	Sahne (30 % Fett)
75 g	Vanillejoghurt (3,5 % Fett)
125 g	Magerquark
1 TL	Vanillezucker
1 TL	Zitronensaft
2	Minzeblättchen

Für 2 Portionen

1. Die Erdbeeren putzen, große Früchte halbieren. Die Erdbeeren in eine Schüssel geben und mit dem Zucker bestreuen.
2. Die Sahne steif schlagen. Den Vanillejoghurt mit dem Quark glatt rühren, Vanillezucker und Zitronensaft unterrühren. Die Sahne unterheben.
3. Die Erdbeeren und die Vanillecreme auf Dessertschälchen verteilen. Jeweils mit einigen schönen Erdbeeren und den Minzeblättchen dekorieren.

Apfelschnee

200 g	Apfelmus
100 g	Magerquark
1 TL	Zitronensaft
75 g	Amaretti

Für 2 Portionen

1. Das Apfelmus in eine Rührschüssel geben. Den Quark mit dem Zitronensaft unter das Apfelmus heben.
2. Ein Drittel der Amaretti grob zerbröseln und unter das Apfelmus heben. Auf 2 Dessertschalen verteilen und mit den übrigen Amaretti garnieren.

⫶ Tipp

Sie haben mehr Zeit? Dann bereiten Sie das Dessert mit selbst gemachtem Apfelkompott zu (⋯⟩ Seite 187). Die Äpfel dafür sollten Sie allerdings möglichst nicht schälen und das Kompott pürieren.

Vanille-Pfirsich-Schichtspeise

½ Pk.	Bourbonvanille-Puddingpulver
1 EL	Zucker
250 ml	Milch, fettarm
½ Dose	Pfirsichhälften (250 g Abtropfgewicht)
75 g	Löffelbiskuits

(plus 2 Stunden Kühlzeit)

Für 2 Portionen

1. Aus dem Puddingpulver mit dem Zucker und der Milch nach Packungsanleitung einen Vanillepudding kochen. In eine Schüssel füllen und abkühlen lassen.
2. Die Pfirsiche abtropfen lassen und den Saft auffangen. Die Pfirsiche in Spalten schneiden, einige zum Garnieren beiseitelegen. Die Löffelbiskuits in Stücke schneiden.
3. Die Hälfte der Löffelbiskuits auf 2 tiefe Dessertschälchen verteilen und etwas Pfirsichsaft darüberträufeln. Die Hälfte der Pfirsiche und die Hälfte des Puddings darauf verteilen. Die übrigen Zutaten ebenso einschichten. Das Dessert mit Pfirsichspalten garnieren und kalt stellen.

Joghurt-Beereneis

300 g	TK-Beerenmischung	
2 EL	Puderzucker	
1 Pk.	Vanillezucker	
150 g	Joghurt, fettarm	

(plus 30 Minuten Zeit
zum Antauen)

Für 2 Portionen

1. Die Beeren in eine Rührschüssel geben und leicht antauen lassen.
2. Puderzucker, Vanillezucker und Joghurt zufügen und mit einem Pürierstab pürieren. Das Eis mit einem Esslöffel abstechen und auf Dessertteller verteilen und sofort servieren.

⋮ Tipps

Die Antauzeit kann variieren, achten Sie darauf, dass die Beeren noch fest und eiskalt sind.
Richten Sie das Dessert mit einigen Tupfern Schlagsahne, einigen Himbeeren und Zitronenmelisse-Blättchen garniert an.

Cassis-Sorbet

200 g	TK-Johannisbeeren, schwarze	
2 EL	Puderzucker	
100 ml	Apfelsaft	

(plus 30 Minuten Zeit
zum Antauen)

Für 2 Portionen

1. Die Beeren in eine Rührschüssel geben und leicht antauen lassen.
2. Puderzucker und Apfelsaft zufügen und mit einem Pürierstab pürieren. Das Sorbet mit einem Esslöffel abstechen, auf Dessertteller verteilen und sofort servieren.

Bunter Obstsalat

¼	Galia-Melone oder Honigmelone
1	kleiner Apfel
125 g	Erdbeeren
1	kleine Banane
1	Kiwi
½	Biozitrone
1 TL	flüssiger Honig
	etwas Zitronenmelisse

Für 2 Portionen
(große Portion
à 285 g)

Tipp

Servieren Sie dazu etwas geschlagene Sahne oder Vanilleeis.

1. Die Melone entkernen und mit einem Kugelausstecher kleine Kugeln ausstechen. Die Äpfel in sehr schmale Spalten schneiden. Die Erdbeeren halbieren. Die Bananen und die Kiwis schälen und in dünne Scheiben schneiden.
2. Zitrone heiß waschen. Von der Zitrone einige Zesten abziehen, den Saft auspressen. Den Saft mit den Zesten und dem Honig verrühren und über die Salatzutaten gießen. Die Zitronenmelisse-Blättchen abzupfen und über den Salat streuen.

7

Anhang

Aktuelle Studie: Kostenfalle Fertiglebensmittel

Die Studie der Verbraucherzentrale Hamburg e. V. führt den Preisvergleich zwischen hausgemachten und fertigen Produkten durch und zeigt: Selbstgemachtes ist deutlich preiswerter. Berücksichtigt wurden bei der Kostenberechung des Hausgemachten die Zutaten und die Energiekosten, sodass ein exakter Vergleich mit den Kosten für die Fertiglebensmittel möglich war.

Die Tabelle zeigt den Preisvergleich in der Übersicht.

Die genauen Ergebnisse der Untersuchung sind unter **www.vzhh.de** veröffentlicht.

Hausgemacht	Als Halbfertig- oder Fertigprodukt
Fast doppelt so teuer	
Kartoffelpüree 0,13 €	Halbfertigprodukt 0,19 €
Schokoladenpudding 0,19 €	Fertigprodukt 0,33 €
Mehr als doppelt so teuer	
Grillkartoffel 0,25 €	Fertigprodukt 0,55 €
Ofengratin 0,27 €	Halbfertigprodukt 0,63 €
Pfannkuchen 0,12 €	Fertigprodukt 0,33 €
Pizza Salami 0,34 €	Fertigprodukt 0,78 €
Salatdressing 0,18 €	Fertigprodukt 0,50 € (pro 100 ml)
Überbackenes Baguette mit Champignons 0,26 €	Fertigprodukt 0,56 €
Mehr als dreimal so teuer	
Marmorkuchen 0,14 €	Fertigprodukt 0,57 €
Schlagsahne 0,20 €	Fertigprodukt 0,62 €
Tomatensauce 0,18 €	Fertigprodukt 0,56 €
Mehr als viermal so teuer	
Kaffeegetränk 0,18 €	Fertigprodukt 0,77 € (ca. 220 ml)
Mehr als fünfmal so teuer	
Karotten, geschnitten 0,10 €	Fertigprodukt 0,52 €
Mehr als siebenmal so teuer	
Wassermelone 0,06 €	Fertigprodukt 0,45 €

Soweit nicht anders angegeben, beziehen sich die Preise jeweils auf 100 Gramm.

Stand: September 2011

Rezepte im Überblick

Rezepte von A bis Z

Verbraucherzentralen

Verbraucherzentrale Bundesverband e. V.
Markgrafenstraße 66
10969 Berlin
Telefon: 0 30/2 58 00-0
Fax: 0 30/2 58 00-218
www.vzbv.de

Verbraucherzentrale des Landes Bremen e. V.
Altenweg 4
28195 Bremen
Telefon: 04 21/1 60 77-7
Fax: 04 21/1 60 77 80
www.verbraucherzentrale-bremen.de

Verbraucherzentrale Baden-Württemberg e. V.
Paulinenstraße 47
70178 Stuttgart
Telefon: 0 711/66 91 10
Fax: 07 11/66 91-50
www.verbraucherzentrale-bawue.de

Verbraucherzentrale Hamburg e. V.
Kirchenallee 22
20099 Hamburg
Telefon: 0 40/2 48 32-0
Fax: 0 40/2 48 32-290
www.vzhh.de

Verbraucherzentrale Bayern e. V.
Mozartstraße 9
80336 München
Telefon: 0 89/5 39 87-0
Fax: 0 89/53 75 53
www.verbraucherzentrale-bayern.de

Verbraucherzentrale Hessen e. V.
Große Friedberger Straße 13–17
60313 Frankfurt/Main
Telefon: 0 69/97 20 10-0
Fax: 0 69/97 20 10-50
www.verbraucher-zentrale-hessen.de

Verbraucherzentrale Berlin e. V.
Hardenbergplatz 2
10623 Berlin
Telefon: 0 30/2 14 85-0
Fax: 0 30/2 11 72 01
www.verbraucherzentrale-berlin.de

Neue Verbraucherzentrale in Mecklenburg und Vorpommern e. V.
Strandstraße 98
18055 Rostock
Telefon: 03 81/2 08 70 50
Fax: 03 81/2 08 70 30
www.nvzmv.de

Verbraucherzentrale Brandenburg e. V.
Templiner Straße 21
14473 Potsdam
Telefon: 03 31/2 98 71-0
Fax: 03 31/2 98 71-77
www.vzb.de

Verbraucherzentrale Hamburg e. V.
Kirchenallee 22
20099 Hamburg
Telefon: 0 40/2 48 32-0
Fax: 0 40/2 48 32-290
www.vzhh.de

Verbraucherzentrale Niedersachsen e. V.
Herrenstraße 14
30159 Hannover
Telefon: 05 11/ 9 11 96-0
Fax: 05 11/9 1196-10
www.vzniedersachsen.de

Verbraucherzentrale Nordrhein-Westfalen e. V.
Mintropstraße 27
40215 Düsseldorf
Telefon: 02 11/38 09-0
Fax: 02 11/38 09-172
www.vz-nrw.de

Verbraucherzentrale Rheinland-Pfalz e. V.
Seppel-Glückert-Passage 10
55116 Mainz
Telefon: 0 61 31/28 48-0
Fax: 0 61 31/28 48-66
www.verbraucherzentrale-rlp.de

Verbraucherzentrale des Saarlandes e. V.
Trierer Straße 22
66111 Saarbrücken
Telefon: 06 81/5 00 89-0
Fax: 06 81/5 00 89-22
www.vz-saar.de

Verbraucherzentrale Sachsen e. V.
Brühl 34–38
04109 Leipzig
Telefon: 03 41/69 62 90
Fax: 03 41/6 89 28 26
www.verbraucherzentrale-sachsen.de

Verbraucherzentrale Sachsen-Anhalt e. V.
Steinbockgasse 1
06108 Halle
Telefon: 03 45/2 98 03-29
Fax: 03 45/2 98 03-26
www.vzsa.de

Verbraucherzentrale Schleswig-Holstein e. V.
Andreas-Gayk-Straße 15
24103 Kiel
Telefon: 04 31/5 90 99-0
Fax: 04 31/5 90 99-77
www.verbraucherzentrale-sh.de

Verbraucherzentrale Thüringen e. V.
Eugen-Richter-Straße 45
99085 Erfurt
Telefon: 03 61/5 55 14-0
Fax: 03 61/5 55 14-40
www.vzth.de

Stiftung Warentest
Postfach 30 41 41
10724 Berlin
Telefon: 030/26 31-0
Telefax: 030/26 31 27 27
www.test.de

Impressum

Herausgeber

Verbraucherzentrale Nordrhein-Westfalen e. V.
Mintropstraße 27, 40215 Düsseldorf
Telefon: 02 11/38 09-555, Telefax: 02 11/38 09-235
publikationen@vz-nrw.de
www.vz-nrw.de

Mitherausgeber

Verbraucherzentrale Bundesverband e. V.
Markgrafenstraße 66, 10969 Berlin
Telefon: 0 30/2 58 00-0, Telefax: 0 30/2 58 00-2 18
www.vzbv.de

Verbraucherzentrale Hamburg e. V.
Kirchenallee 22, 20099 Hamburg
Telefon: 0 40/2 48 32-0, Telefax: 0 40/2 48 32-2 90
www.vzhh.de

Verbraucherzentrale Niedersachsen e. V.
Herrenstraße 14, 30159 Hannover
Telefon: 05 11/9 11 96-0, Telefax: 05 11/9 11 96-10
www.vzniedersachsen.de

Text	Claudia Boss-Teichmann
Koordination	Ilse Mara Berzins, Kathrin Nick
Lektorat	Dr. Mechthilde Vahsen
Fachliche Betreuung	Ursula Plitzko
Korrektorat	Hartmut Schönfuß
Layout und Produktion	Ute Lübbeke, www.LNT-design.de
Titelbild	Ute Lübbeke, www.LNT-design.de
Bildnachweis	Aufmacherfotos: fotolia S. 75; Stockfood S. 90; istockphoto S. 102, 126, 135, 186 Freigestellte Fotos: fotolia; istockphoto
Rezeptnachweis	Peter Kölln KGaA, S. 78, 128, 148
Druck	Stürtz GmbH, Würzburg Gedruckt auf 100 % Recyclingpapier

Redaktionsschluss: Dezember 2011

verbraucherzentrale

Unser Plus für Sie!

Noch Fragen?
Die Beratung der Verbraucherzentralen

Hoffentlich haben Ihnen die Informationen in diesem Ratgeber weitergeholfen. Wenn Sie noch Fragen haben ... Die Expertinnen und Experten der Verbraucherzentrale beraten Sie individuell, kompetent und unabhängig:

- in Ihrer Beratungsstelle vor Ort,
- am Telefon oder
- im Internet

! Wir beraten zum Beispiel zu:

- Banken und Geldanlagen
- Baufinanzierung
- Energie
- Ernährung
- Haushalt, Freizeit, Telekommunikation
- Kreditrecht, Schuldner- und Insolvenzverfahren
- Patientenrechte und Gesundheitsdienstleistungen
- Reiserecht
- Versicherungen

www.

Unter www.verbraucherzentrale.de finden Sie das vollständige Beratungsangebot in Ihrem Bundesland.

Oder Sie nehmen direkt Kontakt mit Ihrer Verbraucherzentrale auf: Die Adressen finden Sie auf Seite 204f.

Nutzen Sie unser Beratungsangebot und treffen Sie mit unserer Unterstützung die richtigen Entscheidungen. Wir sind für Sie da!

Hier können wir Ihnen nur eine kleine Auswahl aus unserem umfangreichen Ratgeberprogramm vorstellen. Mehr als 100 aktuelle Titel halten wir für Sie bereit. Auf Wunsch senden wir Ihnen gern eine Gesamtverzeichnis zu.

Zu den genannten Preisen (Stand: Dezember 2011) kommen noch Porto und Versandkosten.

Gewicht im Griff |1|

Sind Sie unzufrieden mit Ihrem Gewicht? Suchen Sie einen alltagstauglichen Weg, wie Sie ohne Essverdruss Pfunde verlieren können? Dieser Ratgeber hilft Ihnen Schritt für Schritt, sich Ihren Wunsch nach einem erreichbaren und haltbaren Wohlfühlgewicht selbst zu erfüllen. Praxisbewährt durch die Ernährungskurse der Verbraucherzentrale. Mit ausführlichem Rezeptteil.

14. Auflage 2011; 288 Seiten; 12,90 €

Schlank bleiben |2|

Sie haben Ihr Wohlfühlgewicht und wollen es auf Dauer halten? In unserer Fortsetzung zu „Gewicht im Griff" werden die neuen Essgewohnheiten weiter im Alltag verankert. Ein weiterer Schwerpunkt liegt auf dem Thema Bewegung. Mit Extra-Tipps für Frauen und Männer, Ältere, Schwangere, Mütter und ihre Kinder sowie beruflich stark Beanspruchte.

1. Auflage 2011, 248 Seiten, 12,90 €

Kreative Resteküche |3|

Wie oft bleibt nach einer Mahlzeit etwas übrig, oder man stellt erst nach dem Einkauf fest, dass von der einen oder anderen Zutat noch reichlich im Hause ist! Der Ratgeber bietet praktische Anregungen, Übersichten, Rezepte mit Varianten und viele Tipps fürs kreative Verwerten guter Lebensmittel – und für die Schonung des Geldbeutels.

1. Auflage 2010, 232 Seiten, 9,90 €

Bärenstarke Kinderkost |4|

Sie wollen gemeinsam mit Ihren Kindern Essen zubereiten und genießen? Dann muss es einfach, lecker und gesund sein. Wir geben Ihnen viele Tipps für Küche und Einkauf rund um die praktische Kinderernährung ab dem 2. Lebensjahr und viele Rezepte für die ganze Familie.

12. Auflage 2011, 240 Seiten, 9,90 €

Mahlzeit, Kinder! |5|

Wie können Kinder auch bei knapper Zeit stressfrei, gesund und lecker versorgt werden? Unser Ratgeber bietet umfangreiche Vorschläge für den Einkauf, die Küche, den Kindergarten und die Schule. Mit vielen Rezepten für Kinder- und Familienmahlzeiten.

4. Auflage 2010, 224 Seiten, 9,90 €

Endlich erwachsen! |6|

Wer von zu Hause auszieht, ist mit zahlreichen Fragen konfrontiert: Mietwohnung, Studentenwohnheim oder WG? Worauf ist im Mietvertrag zu achten? Welche Versicherungen sind wichtig und wie behält man den Überblick über die Finanzen? Alles, was junge Erwachsene auf dem Weg ins eigene Leben wissen müssen, bietet der Ratgeber – kompakt und verständlich.

1. Auflage 2011, 216 Seiten, 9,90 €

Psychotherapie |7|

Psychische Erkrankungen gehören mittlerweile zu den häufigsten Krankheiten. Unsicherheit und Vorbehalte machen es aber schwer, die richtigen therapeutischen Angebote zu finden. Abhilfe verschafft hier unser Ratgeber. Er erläutert die verschiedenen psychotherapeutischen Methoden und deren Wirksamkeit, zeichnet den Ablauf einer Therapie auf, warnt vor Risiken und Nebenwirkungen und beleuchtet den aktuellen Psychomarkt.

3. Auflage 2010, 224 Seiten, 9,90 €